LER E COMPREENDER
os sentidos do texto

Ingedore Villaça Koch
Vanda Maria Elias

LER E COMPREENDER

os sentidos do texto

Copyright© 2006 das Autoras
Todos os direitos desta edição reservados à
Editora Contexto (Editora Pinsky Ltda.)

Imagem da capa
Waldomiro Sant'Anna, *Menina lendo*, 2006 (óleo sobre tela),
produzido especialmente pelo artista para ilustrar esta capa.

Montagem de capa
Gustavo S. Vilas Boas

Projeto gráfico e diagramação
Antonio Kehl

Revisão
Lilian Aquino

Dados Internacionais de Catalogação na Publicação (CIP)
(Câmara Brasileira do Livro, SP, Brasil)

Koch, Ingedore Villaça
Ler e compreender : os sentidos do texto / Ingedore Villaça
Koch e Vanda Maria Elias. – 3. ed., 17ª reimpressão. –
São Paulo : Contexto, 2025.

Bibliografia.
ISBN 978-85-7244-327-2

1. Leitura – Compreensão 2. Prática de ensino 3. Significado
(Psicologia) 4. Textos I. Elias, Vanda Maria. II. Título.

06-2342   CDD-418.4

Índice para catálogo sistemático:
1. Leitura : Compreensão : Linguística 418.4

2025

Editora Contexto
Diretor editorial: *Jaime Pinsky*

Rua Dr. José Elias, 520 – Alto da Lapa
05083-030 – São Paulo – SP
PABX: (11) 3832 5838
contato@editoracontexto.com.br
www.editoracontexto.com.br

Proibida a reprodução total ou parcial.
Os infratores serão processados na forma da lei.

Sumário

Introdução 7

1 Leitura, texto e sentido 9
   Concepção de leitura 9
   A interação: autor-texto-leitor 12
   Leitura e produção de sentido 19
   Fatores de compreensão da leitura 24
   Escrita e leitura: contexto de produção e contexto de uso 32
   Texto e leitura 35

2 Leitura, sistemas de conhecimento e processamento textual 39
   Conhecimento linguístico 40
   Conhecimento enciclopédico ou conhecimento de mundo 42
   Conhecimento interacional 45

3 Texto e contexto 57
   (Con)Texto, leitura e sentido 57
   Contextualização na escrita 71

4 Texto e intertextualidade 75
   Concepção de intertextualidade 75
   Intertextualidade explícita 87
   Intertextualidade implícita 92
   Intertextualidade, leitura e produção de sentido 96

5 Gêneros textuais 101
   Composição, conteúdo e estilo 106
   Gêneros textuais e intergenericidade 114
   Gêneros textuais e heterogeneidade tipológica 119

6 Referenciação e progressão referencial 123
    Estratégias de referenciação 125
    Formas de introdução do referente no modelo textual 127
    Retomada ou manutenção no modelo textual 131

7 Funções das expressões nominais referenciais 137
    Ativação/reativação da memória 137
    Encapsulamento (sumarização) e rotulação 138
    Organização macroestrutual 140
    Atualização de conhecimento por meio de retomadas
    realizadas pelo uso de um hiperônimo 141
    Especificação por meio da sequência hiperônimo/hipônimo 142
    Construção de paráfrases anafóricas definicionais e didáticas 144
    Introdução de informações novas 146
    Orientação argumentativa 146
    Categorização metaenunciativa de um ato de enunciação 148

8 Sequenciação textual 151
    Sequenciação com recorrências 151
    Sequenciação sem recorrências 159
    Encadeamento 166
    Progressão/continuidade tópica 173

9 Coerência textual: um princípio de interpretabilidade 183
    O que é coerência textual? 186
    Tipos de coerência 194

Bibliografia 215

Introdução

Este livro toma como pressuposto básico a concepção de que o texto é lugar de interação de sujeitos sociais, os quais, dialogicamente, nele se constituem e são constituídos; e que, por meio de ações linguísticas e sociocognitivas, constroem objetos de discurso e propostas de sentido, ao operarem escolhas significativas entre as múltiplas formas de organização textual e as diversas possibilidades de seleção lexical que a língua lhes põe à disposição. A essa concepção subjaz, necessariamente, a ideia de que há, em todo e qualquer texto, uma gama de implícitos, dos mais variados tipos, somente detectáveis pela mobilização do contexto sociocognitivo no interior do qual se movem os atores sociais.

Em decorrência, postula-se que a leitura de um texto exige muito mais que o simples conhecimento linguístico compartilhado pelos interlocutores: o leitor é, necessariamente, levado a mobilizar uma série de estratégias tanto de ordem linguística como de ordem cognitivo-discursiva, com o fim de levantar hipóteses, validar ou não as hipóteses formuladas, preencher as lacunas que o texto apresenta, enfim, participar, de forma ativa, da construção do sentido. Nesse processo, autor e leitor devem ser vistos como 'estrategistas' na interação pela linguagem.

O objetivo deste livro é, portanto, apresentar, de forma simples e didática, as principais estratégias que os leitores têm à sua disposição para, no momento da leitura, tomando como ponto de partida as pistas que o texto lhes oferece, construir para ele um sentido que seja compatível com a proposta apresentada pelo seu produtor.

Cada um dos nove capítulos apresenta, a par de uma exposição acerca do tópico tratado, um conjunto de exemplos comentados, com a função de facilitar o seu entendimento. Trabalha-se com textos de diversos gêneros, procurando ressaltar as peculiaridades de cada um deles, bem como aquilo que é comum a toda e qualquer manifestação da linguagem verbal e, portanto, a todo ato de leitura.

Espera-se, assim, preencher uma lacuna no mercado editorial, no qual têm predominado as obras teóricas sobre a questão, ou, então, os livros didáticos. Nossa preocupação é a de estabelecer uma ponte entre teorias sobre texto e leitura – esta aqui considerada a habilidade de compreensão/interpretação de textos – e práticas de ensino. Por esse motivo, são nossos interlocutores privilegiados os professores dos vários níveis de ensino, em especial os de línguas – materna e estrangeiras –, estudantes de cursos de Letras, de Pedagogia, bem como os demais interessados em questões de compreensão de leitura, ensino e funcionamento da linguagem de modo geral.

Somos gratas à *Editora Contexto* por seu constante incentivo à nossa produção intelectual e por, mais uma vez, acolher e divulgar um de nossos trabalhos.

Será, para nós, altamente gratificante se este pequeno livro puder trazer sua contribuição no sentido de incentivar e intensificar, em nosso país, a prática da leitura.

As Autoras

1
Leitura, texto e sentido

Concepção de leitura

Frequentemente ouvimos falar – e também falamos – sobre a importância da leitura na nossa vida, sobre a necessidade de se cultivar o hábito de leitura entre crianças e jovens, sobre o papel da escola na formação de leitores competentes, com o que concordamos prontamente.

Mas, no bojo dessa discussão, destacam-se questões como: **O que é ler? Para que ler? Como ler?** Evidentemente, as perguntas poderão ser respondidas de diferentes modos, os quais revelarão uma concepção de **leitura** decorrente da concepção de **sujeito**, de **língua**, de **texto** e de **sentido** que se adote.

Foco no autor

Sobre essa questão, Koch (2002) afirma que à concepção de **língua como representação do pensamento** corresponde à de **sujeito psicológico**, **individual**, **dono de sua vontade e de suas ações**. Trata-se de um sujeito visto como um *ego* que constrói uma representação mental e deseja que esta seja "captada" pelo interlocutor da maneira como foi mentalizada.

Nessa concepção de língua como representação do pensamento e de sujeito como senhor absoluto de suas ações e de seu dizer, o **texto** é visto como um produto – lógico – do pensamento (representação mental) do autor, nada mais cabendo ao leitor senão "captar" essa representação mental, juntamente com as intenções (psicológicas) do produtor, exercendo, pois, um papel passivo.

A **leitura**, assim, é entendida como a atividade de captação das ideias do autor, sem se levar em conta as experiências e os conhecimentos do leitor, a interação autor-texto-leitor com propósitos constituídos sociocognitivo-interacionalmente. O foco de atenção é, pois, o autor e suas intenções, e o sentido está centrado no autor, bastando tão-somente ao leitor captar essas intenções.

Foco no texto

Por sua vez, à concepção de **língua como estrutura** corresponde a de **sujeito determinado**, **"assujeitado" pelo sistema**, **caracterizado por uma espécie de "não consciência"**. O princípio explicativo de todo e qualquer fenômeno e de todo e qualquer comportamento individual repousa sobre a consideração do sistema, quer linguístico, quer social.

Nessa concepção de **língua como código** – portanto, como mero instrumento de comunicação – e de **sujeito como (pre)determinado pelo sistema**, o **texto** é visto como simples produto da codificação de um emissor a ser decodificado pelo leitor/ouvinte, bastando a este, para tanto, o conhecimento do código utilizado.

Consequentemente, a **leitura** é uma atividade que exige do leitor o foco no texto, em sua linearidade, uma vez que "tudo está dito no dito". Se, na concepção anterior, ao leitor cabia o reconhecimento das intenções do autor, nesta concepção, cabe-lhe o reconhecimento do sentido das palavras e estruturas do texto. Em ambas, porém, o leitor é caracterizado por realizar uma atividade de reconhecimento, de reprodução.

Foco na interação autor-texto-leitor

Diferentemente das concepções anteriores, na concepção **interacional (dialógica) da língua**, os sujeitos são vistos como **atores/ construtores sociais, sujeitos ativos que – dialogicamente – se constroem e são construídos no texto**, considerado o próprio lugar da interação e da constituição dos interlocutores. Desse modo, há lugar, no texto, para toda uma gama de implícitos, dos mais variados tipos, somente detectáveis quando se tem, como pano de fundo, o contexto sociocognitivo (**ver capítulo 3**) dos participantes da interação.

Nessa perspectiva, **o sentido** de um texto é **construído na interação texto-sujeitos** e não algo que preexista a essa interação. **A leitura** é, pois, uma **atividade interativa altamente complexa de produção de sentidos**, que se realiza evidentemente com base nos elementos linguísticos presentes na superfície textual e na sua forma de organização, mas requer a mobilização de um vasto conjunto de saberes no interior do evento comunicativo.

A título de exemplificação do que acabamos de afirmar, vejamos a tirinha a seguir:

Fonte: *Folha de S.Paulo*, 13 abr. 2005.

Na tirinha, Garfield representa bem o papel do leitor que, em interação com o texto, constrói-lhe o sentido, considerando não só as informações explicitamente constituídas, como também o que é implicitamente sugerido, numa clara demonstração de que:
- a leitura é uma atividade na qual se leva em conta as experiências e os conhecimentos do leitor;
- a leitura de um texto exige do leitor bem mais que o conhecimento do código linguístico, uma vez que o **texto** não é simples produto da codificação de um emissor a ser decodificado por um receptor passivo.

> Fundamentamo-nos, pois, em uma concepção **sociocognitivo-interacional** de língua que privilegia os **sujeitos e seus conhecimentos em processos de interação**. O lugar mesmo de interação – como já dissemos – é o texto cujo sentido "não está lá", mas é construído, considerando-se, para tanto, as "sinalizações" textuais dadas pelo autor e os conhecimentos do leitor, que, durante todo o processo de leitura, deve assumir uma atitude "responsiva ativa". Em outras palavras, espera-se que o leitor, concorde ou não com as ideias do autor, complete-as, adapte-as etc., uma vez que "toda compreensão é prenhe de respostas e, de uma forma ou de outra, forçosamente, a produz" (Bakhtin, 1992:290).

A interação: autor-texto-leitor

Nas considerações anteriores, explicitamos a concepção de **leitura como uma atividade de produção de sentido**. Pela consonância com nossa posição aqui assumida, merece destaque o trecho a seguir sobre leitura, extraído dos Parâmetros Curriculares de Língua Portuguesa:

> A leitura é o processo no qual o leitor realiza um trabalho ativo de compreensão e interpretação do texto, a partir de seus objetivos, de seu conhecimento sobre o assunto, sobre o autor, de tudo o que sabe sobre a linguagem etc. Não se trata de extrair informação, decodificando letra por letra, palavra por palavra. Trata-se de uma atividade que implica estratégias de seleção, antecipação, inferência e verificação, sem as quais não é possível proficiência. É o uso desses procedimentos que possibilita controlar o que vai sendo lido, permitindo tomar decisões diante de dificuldades de compreensão, avançar na busca de esclarecimentos, validar no texto suposições feitas.
>
> In: Parâmetros Curriculares Nacionais: terceiro e quarto ciclos de ensino fundamental: língua portuguesa/Secretaria de Educação Fundamental. – Brasília: MEC/SEF, 1998, pp. 69-70.

Como vemos nesse trecho, encontra-se reforçado, na atividade de leitura, o papel do **leitor enquanto construtor de sentido**, utilizando-se, para tanto, de estratégias, tais como **seleção**, **antecipação**, **inferência** e **verificação**.

Estratégias de leitura

Desse leitor, espera-se que processe, critique, contradiga ou avalie a informação que tem diante de si, que a desfrute ou a rechace, que dê sentido e significado ao que lê (cf. Solé , 2003:21).

Essa concepção de leitura, que põe em foco o leitor e seus conhecimentos em interação com o autor e o texto para a construção de sentido, vem merecendo a atenção de estudiosos do texto e alimentando muitas pesquisas e discussões sobre a sua importância para o ensino da leitura.

A título de exemplificação, tentemos uma "simulação" de como nós, leitores, recorremos a uma série de **estratégias** no trabalho de construção de sentido. Para o nosso propósito, selecionamos o miniconto intitulado O retorno do Patinho Feio, de Marcelo Coelho, publicado na Folhinha da *Folha de S.Paulo*.

Nossa atividade de leitores ativos em interação com o autor e o texto começa com **antecipações** e **hipóteses** elaboradas com base em nossos conhecimentos sobre:

- o autor do texto: **Marcelo Coelho**;
- o meio de veiculação do texto: **Folha de S.Paulo**;
- o gênero textual: **miniconto**;
- o título: elemento constitutivo do texto cuja função é, geralmente, chamar a atenção do leitor e orientá-lo na produção de sentido;
- a distribuição e configuração de informações no texto.

Especificamente, ao nos depararmos com o título O retorno do Patinho Feio, fazemos antecipações, levantamos hipóteses que, no decorrer da leitura, serão confirmadas ou rejeitadas. Neste último caso, as hipóteses serão reformuladas e novamente testadas em um movimento que destaca a nossa atividade de leitor, respaldada em conhecimentos arquivados na memória (sobre a língua, as coisas do mundo, outros textos, outros gêneros textuais, como veremos **no capítulo 2**) e ativados no processo de interação com o texto.

Focalizando o título, atentamos para a palavra "*retorno*" e seu significado – *regresso, volta* – e situamos a história no mundo das narrativas infantis, resgatando em nossa memória a história do Patinho Feio com a qual este conto dialoga de perto.

Com "previsões" motivadas pelo título, "adentramos" o texto, prosseguindo em nossa atividade de leitura e produção de sentido:

> *Alfonso era o mais belo cisne do lago Príncipe de Astúrias. Todos os dias, ele contemplava sua imagem refletida nas águas daquele chiquérrimo e exclusivo condomínio para aves milionárias. Mas Alfonso não se esquecia de sua origem humilde.*
>
> *– Pensar que, não faz muito tempo, eu era conhecido como o Patinho Feio...*
>
> *Um dia, ele sentiu saudades da mãe, dos irmãos e dos amiguinhos da escola.*

A leitura desse trecho apresenta-nos uma personagem – que julgamos tratar-se da principal, uma vez que é citada no título e aparece em posição de destaque no início da história.

Também nossos olhos de leitores atentos apontam para uma oposição marcante no trecho em torno dos nomes Alfonso **x** Patinho Feio, à qual subjazem outras oposições: presente **x** passado; riqueza **x** pobreza.

No quadro abaixo, destacamos essa oposição:

Alfonso	Patinho Feio
O mais belo cisne	*o Patinho Feio*
lago Príncipe de Astúrias	•
chiquérrimo e exclusivo condomínio para aves milionárias	•

O quadro chama a nossa atenção para a forte caracterização de Alfonso, composta pelas adjetivações referentes à personagem e à sua morada, em frente à fraca caracterização no que concerne à sua vida quando era conhecido como Patinho Feio, fato esse que pode servir de estímulo à formulação de novas antecipações do leitor ativo.

No trecho em destaque, ainda nos salta aos olhos a expressão – um dia – introdutória de uma situação-problema, conforme conhecimento empiricamente constituído como ouvintes e/ou leitores desse gênero textual.

Continuando o processo de efetiva interação com o texto, levantamos hipóteses sobre o passado de Alfonso (Onde morava? Como era esse lugar?), bem como sobre as prováveis ações do "mais belo cisne do lago Príncipe das Astúrias", motivadas pelo sentimento de saudade expresso no enunciado: Um dia, ele sentiu saudades da mãe, dos irmãos e dos amiguinhos da escola.

Então, o que fará Alfonso? Voltará ao lugar de origem? Reencontrará a mãe, os irmãos e amiguinhos de escola?

Prossigamos a leitura para a verificação e confirmação (ou não) de nossas hipóteses:

> Voou até a lagoa do Quaquenhá. O pequeno e barrento local de sua infância.
>
> A pata Quitéria conversava com as amigas chocando sua quadragésima ninhada. Alfonso abriu suas largas asas brancas.
>
> – Mamãe! Mamãe! Você se lembra de mim?

É... se antecipamos que Alfonso voltaria à sua origem, acertamos. A leitura do trecho ainda nos propõe um avanço na caracterização do lugar de origem do Patinho Feio, em contraposição e complementação ao conteúdo do primeiro trecho da história.

Vejamos a representação das novas informações (em negrito) no quadro:

Alfonso	Patinho Feio
O mais belo cisne	o Patinho Feio
lago Príncipe de Astúrias	**lagoa do Quaquenhá**
chiquérrimo e exclusivo condomínio para aves milionárias	**O pequeno e barrento local de sua infância**

O trecho se encerra com uma pergunta: – Mamãe! Mamãe! Você se lembra de mim?, cuja resposta – positiva ou negativa? – tentamos antecipar e vamos verificar na continuidade da interação com o texto. Vejamos:

> Quitéria levantou-se muito espantada.
>
> – Se-se-senhor cisne ... quanta honra... mas creio que o senhor se confunde...
>
> – Mamãe...?
>
> – Como poderia eu ser mãe de tão belo e nobre animal?
>
> Não adiantou explicar. Dona Quitéria balançava a cabeça.
>
> – Esse cisne é mesmo lindo... mas doido de pedra, coitado...

O texto também nos desperta sentimentos, emoções. Envoltos na atmosfera de emoções sugerida pela leitura, que efeito o "esquecimento" da pata Quitéria provocará no Alfonso?

Depois disso, o que pode acontecer? O que fará o pobre Alfonso? Voltará para o seu luxuoso condomínio? Hipótese número um. Persistirá no seu intento de ser reconhecido e novamente aceito na comunidade? Hipótese número dois.

É verdade que outras hipóteses poderão ser formuladas, tantas quantas permitirem os conhecimentos e a criatividade dos leitores. Mas como nossa pretensão é a de uma mera simulação de como o leitor interage com o texto, fiquemos naquelas duas apontadas e vamos confirmá-las (ou não) na leitura do trecho a seguir:

> Alfonso foi então procurar a Bianca. Uma patinha linda do pré-primário. Que vivia chamando Alfonso de feio.
>
> – Lembra de mim, Bianca? Gostaria de me namorar agora? He, he, he.

E, agora, o que nós, leitores, prevemos: Bianca responderá afirmativa ou negativamente às perguntas do Alfonso? Estamos torcendo para que sim ou para que não?

> – Deus me livre! Está louco? Uma pata namorando um cisne! Aberração da natureza...

Como vemos, até o momento, a situação não está nada boa para Alfonso. Diante da negativa da pata Quitéria e da patinha Bianca, o que

Alfonso poderá fazer? Voltar para o lago Príncipe das Astúrias e esquecer de vez seu passado humilde? É uma (outra) hipótese...

> *Alfonso respirou fundo. Nada mais fazia sentido por ali. Resolveu procurar um famoso bruxo da região.*

Temos de confessar que por essa não esperávamos, não é mesmo? O que acontecerá, então? Resolverá o bruxo o problema do Alfonso? Ou insistimos na hipótese de que nenhuma tentativa dará certo, devendo Alfonso retornar ao seu luxuoso condomínio e esquecer de vez seu passado humilde? Terá a história um final (in)feliz? É só ler para ver:

> *Com alguns passes mágicos, o feiticeiro e astrólogo Omar Rhekko resolveu o problema. Em poucos dias, Alfonso transformou-se num pato adulto. Gorducho e bastante sem graça. Dona Quitéria capricha fazendo lasanhas para ele.*
> *– Cuidado para não engordar demais, filhinho.*
> *Bianca faz um cafuné na cabeça de Alfonso.*
> *– Gordo... pescoçudo... bicudo... Mas sabe que eu acho você uma gracinha?*
> *Viveram felizes para sempre.*

Chegamos ao final da leitura do texto O retorno do Patinho Feio, apresentado em fragmentos, para atender a nosso propósito. A seguir, o texto será apresentado de forma ininterrupta, para propiciar a sua releitura.

O Retorno do Patinho Feio

Alfonso era o mais belo cisne do lago príncipe de Astúrias. Todos os dias, ele contemplava sua imagem refletida nas águas daquele chiquérrimo e exclusivo condomínio para aves milionárias. Mas Alfonso não se esquecia de sua origem humilde.
– Pensar que, não faz muito tempo, eu era conhecido como o Patinho Feio...
Um dia, ele sentiu saudades da mãe, dos irmãos e dos amiguinhos da escola.
Voou até a lagoa do Quaquenhá. O pequeno e barrento local de sua infância.

> *A pata Quitéria conversava com as amigas chocando sua quadragésima ninhada. Alfonso abriu suas largas asas brancas.*
>
> *– Mamãe! Mamãe! Você se lembra de mim?*
>
> *Quitéria levantou-se muito espantada.*
>
> *– Se-se-senhor cisne... quanta honra... mas creio que o senhor se confunde...*
>
> *– Mamãe...?*
>
> *– Como poderia eu ser mãe de tão belo e nobre animal?*
>
> *Não adiantou explicar. Dona Quitéria balançava a cabeça.*
>
> *– Esse cisne é mesmo lindo... mas doido de pedra, coitado...*
>
> *Alfonso foi então procurar a Bianca. Uma patinha linda do pré-primário. Que vivia chamando Alfonso de feio.*
>
> *– Lembra de mim, Bianca? Gostaria de me namorar agora? He, he, he.*
>
> *– Deus me livre! Está louco? Uma pata namorando um cisne! Aberração da natureza...*
>
> *Alfonso respirou fundo. Nada mais fazia sentido por ali. Resolveu procurar um famoso bruxo da região. Com alguns passes mágicos, o feiticeiro e astrólogo Omar Rhekko resolveu o problema. Em poucos dias, Alfonso transformou-se num pato adulto. Gorducho e bastante sem graça. Dona Quitéria capricha fazendo lasanhas para ele.*
>
> *– Cuidado para não engordar demais, filhinho.*
>
> *Bianca faz um cafuné na cabeça de Alfonso.*
>
> *– Gordo... pescoçudo... bicudo... Mas sabe que eu acho você uma gracinha?*
>
> *Viveram felizes para sempre.*

Fonte: Coelho, Marcelo. "O Retorno do Patinho Feio". *Folha de S.Paulo*, 19 mar. 2005. Folhinha, p. 8

Na atividade de leitores ativos, estabelecemos relações entre nossos conhecimentos anteriormente constituídos e as novas informações contidas no texto, fazemos inferências, comparações, formulamos perguntas relacionadas com o seu conteúdo.

Mais ainda: processamos, criticamos, contrastamos e avaliamos as informações que nos são apresentadas, produzindo sentido para o que lemos. Em outras palavras, agimos estrategicamente, o que nos permite dirigir e autorregular nosso próprio processo de leitura.

Objetivos de leitura

É claro que não devemos nos esquecer de que a constante interação entre o conteúdo do texto e o leitor é regulada também pela intenção com que lemos o texto, pelos **objetivos da leitura**.

De modo geral, podemos dizer que há textos que lemos porque queremos nos manter informados (jornais, revistas); há outros textos que lemos para realizar trabalhos acadêmicos (dissertações, teses, livros, periódicos científicos); há, ainda, outros textos cuja leitura é realizada por prazer, puro deleite (poemas, contos, romances); e, nessa lista, não podemos nos esquecer dos textos que lemos para consulta (dicionários, catálogos), dos que somos "obrigados" a ler de vez em quando (manuais, bulas), dos que nos caem em mãos (panfletos) ou nos são apresentados aos olhos (outdoors, cartazes, faixas).

São, pois, os objetivos do leitor que nortearão o modo de leitura, em mais tempo ou em menos tempo; com mais atenção ou com menos atenção; com maior interação ou com menor interação, enfim.

Leitura e produção de sentido

Anteriormente, destacamos a concepção de leitura como uma atividade baseada na interação autor-texto-leitor. Se, por um lado, nesse processo, necessário se faz considerar a materialidade linguística do texto, elemento sobre o qual e a partir do qual se constitui a interação, por outro lado, é preciso também levar em conta os conhecimentos do leitor, condição fundamental para o estabelecimento da interação, com maior ou menor intensidade, durabilidade, qualidade.

Leitura e ativação de conhecimento

É por essa razão que falamos de **um** sentido para o texto, não **do** sentido, e justificamos essa posição, visto que, na atividade de leitura, ativamos: lugar social, vivências, relações com o outro, valores da comunidade, conhecimentos textuais (cf. Paulino et al. 2001), conforme nos revela a leitura do texto a seguir:

Fonte: Coleção *Subindo nas Tamancas 1*. Selecionado por Maitena, trad. Ryta Vinagre, p. 21.

Na leitura da charge, dentre outros conhecimentos, ativamos valores da época e da comunidade em que vivemos, conforme verificamos na relação de causa e consequência sugerida na materialidade linguística do texto:

- a velhice é a causa de se ficar cada vez menos: menos tônus muscular, menos brilho no cabelo, menos peito, menos bunda...
- a velhice é a causa de se ficar cada vez mais: mais olheiras, mais rugas, mais papada, mais manchas, mais barriga, mais celulite...

Quer encabeçada pelo MENOS, quer pelo MAIS, no texto se destaca uma avaliação negativa sobre a velhice, atualmente compartilhada por muitos. Sabemos – é verdade – que nem sempre foi assim, nem são todos os que assim pensam sobre essa fase da vida. A leitura e a produção de sentido são atividades orientadas por nossa bagagem sociocognitiva: conhecimentos da língua e das coisas do mundo (lugares sociais, crenças, valores, vivências).

Pluralidade de leituras e sentidos

Considerar o leitor e seus conhecimentos e que esses conhecimentos são diferentes de um leitor para outro implica aceitar uma pluralidade de leituras e de sentidos em relação a um mesmo texto.

A título de exemplificação do que acabamos de afirmar, a proposta de Galhardo, expressa na tirinha abaixo – embora caricaturizada –, é excelente.

Fonte: *Folha de S.Paulo*, 11 ago. 1997.

A tirinha – que parte da proposta maior expressa verticalmente à esquerda como mote – apresenta três leituras para o mesmo fato: o esmagamento do mosquito na parede. Sobre esse fato, as leituras – num total de 36, segundo a proposta do autor – vão se constituindo diferentemente dependendo do leitor – seu lugar social, seus conhecimentos, seus valores, suas vivências.

É claro que com isso não preconizamos que o leitor possa ler qualquer coisa em um texto, pois, como já afirmamos, o sentido não está apenas no leitor, nem no texto, mas na interação autor-texto-leitor. Por isso, é de fundamental importância que o leitor considere na e para a produção de sentido as "sinalizações" do texto, além dos conhecimentos que possui.

> A pluralidade de leituras e de sentidos pode ser maior ou menor dependendo do texto, do modo como foi constituído, do que foi explicitamente revelado e do que foi implicitamente sugerido, por um lado; da ativação, por parte do leitor, de conhecimentos de natureza diversa, como veremos **no capítulo a seguir**, e de sua atitude cooperativa perante o texto, por outro lado.

Se vimos, anteriormente, em relação à tirinha do Galhardo, que a leitura pode variar de um leitor para outro, podemos verificar também que a leitura pode variar em se tratando do mesmo leitor. É o que evidenciaremos com o texto a seguir:

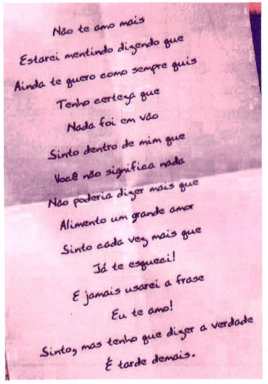

Fonte: *Revista Veja*. São Paulo: Abril, ed. 1.874, ano 37, n. 40, 6 out. 2004.

Em relação ao texto, o mesmo leitor poderá realizar duas leituras diametralmente opostas e, nesta atividade, a orientação do autor tem peso significativo: ler o poema de cima para baixo implica uma leitura orientada pelo fio condutor não te amo mais; ler de baixo para cima, uma leitura baseada no fio condutor eu te amo.

No exemplo, destacamos a orientação do autor para a realização da leitura: de cima para baixo ou de baixo para cima. No entanto, nem sempre essa orientação se constitui explicitamente.

Um ótimo exemplo disso é o texto a seguir:

Fui à Água Doce Cachaçaria e tomei uma cachaça da boa, mas tão boa que resolvi levar dez garrafas para casa, mas Dona Patroa me obrigou a jogar tudo fora.

Peguei a primeira garrafa, bebi um copo e joguei o resto na pia.

Peguei a segunda garrafa, bebi outro copo e joguei o resto na pia.

Peguei a terceira garrafa, bebi o resto e joguei o copo na pia.

Peguei a quarta garrafa, bebi na pia e joguei o resto no copo.

Peguei o quinto copo, joguei a rolha na pia e bebi a garrafa.

Peguei a sexta pia, bebi a garrafa e joguei o copo no resto.

A sétima garrafa eu peguei no resto e bebi a pia.

Peguei no copo, bebi no resto e joguei a pia na oitava garrafa.

Joguei a nona pia no copo, peguei na garrafa e bebi o resto.

O décimo copo, eu peguei a garrafa no resto e me joguei na pia.

Não me lembro do que fiz com a Patroa!

Não!!! Como leitores competentes, sabemos que agora não se trata de ler o texto de baixo para cima ou da direita para esquerda.

A orientação do autor é de outra natureza. Observemos: até a quinta linha o texto progride sem "estranhamento". Da sexta linha em diante, a disposição dos termos na oração nos chama a atenção por ser semanticamente inaceitável, segundo o nosso conhecimento de mundo. Isso é uma pista importante para a produção do sentido do texto, assinaladora da relação de proporcionalidade: quanto mais o sujeito bebe, mais se embriaga; quanto mais se embriaga, mais comete "incoerências" sintático-semânticas.

No texto, a acentuação do grau de embriaguez está correlacionada às construções sintático-semanticamente comprometidas: quanto mais incoerentes os enunciados, mais acentuado o grau de embriaguez (afinal, bêbado não fala coisa com coisa mesmo, não é?). Como vemos, o texto pressupõe do leitor que leve em conta a "incoerência" – estilisticamente constituída – como uma indicação relevante para a produção de sentido.

Fatores de compreensão da leitura

Já é do nosso conhecimento que a compreensão de um texto varia segundo as circunstâncias de leitura e depende de vários fatores, complexos e inter-relacionados entre si (ALLIENDE & CONDEMARÍN, 2002).

Embora defendamos a correlação de fatores implicados na compreensão da leitura, queremos chamar a atenção para as vezes em que fatores relativos ao autor/leitor, por um lado, ou ao texto, por outro lado, podem interferir nesse processo, de modo a dificultá-lo ou facilitá-lo.

Autor/leitor

Esses fatores referem-se a conhecimento dos elementos linguísticos (uso de determinadas expressões, léxico antigo etc.), esquemas cognitivos, bagagem cultural, circunstâncias em que o texto foi produzido.

A fim de exemplificar o que afirmamos, vamos ler o texto a seguir:

Vide Bula

Há cerca de 10 anos publiquei este artigo no Jornal de Cajuru, num momento especial para o país, quando o esquema colorido havia sido desmantelado, e havia grandes expectativas quanto ao futuro político do Brasil.

Hoje aproveito para republicá-lo, como prévia para o Vide Bula II, que certamente trará novos medicamentos, para quem sabe, desta vez, curar o paciente. Uma coisa é certa: este já não está mais na UTI. Concordam?

O Brasil está doente. Êta frasezinha batida! Todo mundo está cansado de saber disso. O diabo é: qual remédio?

Muito se tem tentado com drogas tradicionais, ou novidades, porém até agora nenhuma teve o tão almejado efeito de curar este pobre enfermo.

Há bem pouco tempo foi tentada uma droga novíssima, quase não testada, mas que prometia sucesso total, a "Collorcaína", que, infelizmente, na prática de nada serviu, seus efeitos colaterais extremamente deletérios (como a liberação da "Pecelidona") quase acaba com o doente.

Porém, para o ano que vem, novos medicamentos poderão ser usados. Enquanto isso não acontece, o doente consegue se manter com doses de "Itamarina" que é uma espécie de emplastro que, se não cura, também não mata.

Mas, voltando ao ano que vem, se é que podemos voltar ao futuro, vamos estudar os possíveis medicamentos que teremos à disposição do moribundo.

A primeira droga a ser discutida já é uma antiga que estava em desuso e voltou com nova embalagem e novas indicações, podendo ser eficaz no momento.

Trata-se da "Paumalufina", extraída do pau-brasil com a propriedade de promover perda das gorduras, principalmente estatais, acentuando a livre iniciativa. Tem como efeito colateral a crise aguda de autoritarismo e também de perdularismo, sendo contraindicada para as democracias.

A segunda droga, também já testada, é derivada da "Pemedebona", a "Orestequercina", que atua em praticamente todos os órgãos, que passam a funcionar somente às custas da "Desoxidopropinainterferase", que promove um desempenho muito mais fisiológico.

Esta droga tem como efeito colateral uma grande depleção das reservas, depleção esta que pode ser fatal ao organismo.

Mais recentemente foi criada a "L.A. Fleurizina". Derivada da "Orestequercina", age de maneira muito semelhante à mesma, sendo, entretanto, muito mais contundente e agressiva. É formalmente contraindicada para Carandirus e professores.

A terceira droga do nosso tratado é uma ainda não testada, mas já com fama de eficiência. Trata-se do "Cloridrato de Lulalá", derivada da "Estrelapetina", e, como efeito, promete revitalizar as células periféricas, tornando-as tão importantes quanto as do SNC (Sistema Nervoso Central).

É importante lembrar que a mesma pode causar imobilismo com liberação de seitas e dissidências. Tais efeitos colaterais podem ser evitados com injeção na veia de "antisectarina" e cápsulas de "Bonsensol".

Ainda é bom lembrar que o uso de tal substância provoca uma cor avermelhada em todos os órgãos.

A quarta droga que discutiremos é a "Tucanina Cacicoide", na verdade, um complexo de inúmeros componentes, como a "F.H.Cardozina", a

> *"Zesserrinitrina", a "Mariocovase" e muitas outras mais que são muito eficientes "In Vitro", porém sem comprovação de efeito "In Vivo".*
>
> *Seu maior efeito colateral é a interação de seus componentes que competem entre si, causando uma síndrome chamada "encimamurismo", síndrome esta extremamente deletéria e que pode invibializar o uso de tal medicamento.*
>
> *Existem ainda drogas menores como a "Brizolonina" que, quando aplicada, provoca intensa verborragia e manias perseguitórias.*
>
> *Há ainda a A.C. Malvadezina, uma droga extremamente tóxica que causa náuseas até em quem aplica.*
>
> *Terminando nosso estudo, esperamos que, desta vez, os médicos saibam o remédio certo para salvar o doente.*

Autor: Luiz Fernando Elias é cardiologista e, nas horas vagas, cronista.

O que nos chama a atenção no texto? Que conhecimentos são necessários da parte do leitor para compreender o texto?

Respondendo à primeira pergunta, podemos dizer que nos chama a atenção a criação de um "código específico"

> Collorcaína, Pecelidona, Itamarina, Paumalufina, Pemedebona, Orestequercina, Desoxidopropinainterferase, L.A. Fleurizina, Orestequercina, Cloridrato de Lulalá, Estrelapetina, antisectarina, Bonsensol, Tucanina Cacicoide, F.H. Cardozina, Zesserrinitrina, Mariocovase, encimamurismo, Brizolonina, A.C. Malvadezina

resultante da conjugação do conhecimento do autor sobre:

- política e medicina;
- elementos formadores e processos de formação de palavras, o que lhe possibilita elaborar um "diagnóstico" sobre a política brasileira.

Além desse "código inventado", destacamos as partes do texto referentes a informações sobre as "drogas", composição, efeito colateral, contraindicação. Em outras palavras, o autor, em sua produção, também evidencia o conhecimento que possui sobre **o gênero bula**. É o que podemos verificar se compararmos o conteúdo de uma bula qualquer com o conteúdo do texto apresentado no quadro a seguir:

DROGA	COMPOSIÇÃO	INFORMAÇÃO	EFEITO COLATERAL	CONTRAINDICAÇÃO
Collorcaína			extremamente deletérios (como a liberação da Pecelidona)	
Itamarina		uma espécie de emplastro		
Paumalufina		Extraída do pau-brasil com a propriedade de promover perda das gorduras, principalmente estatais, acentuando a livre iniciativa	a crise aguda de autoritarismo e também de perdularismo	para as democracias
Orestequercina	derivada da Pemedebona	que atua em praticamente todos os órgãos, que passam a funcionar somente às custas da Desoxidopropinainterfera-se, que promove um desem-penho muito mais fisiológico	uma grande depleção das reservas, depleção esta que pode ser fatal ao organismo	formalmente contraindicada para Carandirus e professores
L.A. Fleurizina	Derivada da Orestequercina	age de maneira muito semelhante à mesma, sendo, entretanto, muito mais contundente e agressiva		
Cloridrato de Lulalá	derivada da Estrelapetina	promete revitalizar as células periféricas, tornando-as tão importantes quanto as do SNC (Sistema Nervoso Central)	pode causar imobilismo com liberação de seitas e dissidên-cias. Tais efeitos colaterais podem ser evitados com inje-ção na veia de antisectarina e cápsulas de Bonsensol. provoca uma cor avermelhada em todos os órgãos	
Tucanina Cacicoide	um complexo de inúmeros com-ponentes, como a F.H. Cardozina, a Zesserrinitrina, a Mariocovase e muitas outras mais que são muito eficientes "In Vitro"		a interação de seus compo-nentes que competem entre si, causando uma síndrome chamada encimamurismo, síndrome esta extremamente deletéria e que pode invibiali-zar o uso de tal medicamento	
Brizolonina			provoca intensa verborragia e manias perseguitórias	
A.C. Malvadezina			uma droga extremamente tóxica que causa náuseas até em quem aplica	

Como vemos, se, do lado do autor, foi mobilizado um conjunto de conhecimentos para a produção do texto, espera-se, da parte do leitor, que considere esses conhecimentos (de língua, de gênero textual e de mundo) no processo de leitura e construção de sentido.

Em outras palavras, podemos dizer que os conhecimentos selecionados pelo autor na e para a constituição do texto "criam" um leitor-modelo.

Desse modo, o texto, pela forma como é produzido, pode exigir mais ou exigir menos conhecimento prévio de seus leitores. O texto anterior é um exemplo de que um texto não se destina a todos e a quaisquer leitores, mas pressupõe um determinado tipo de leitor.

Em nosso dia a dia, deparamo-nos com inúmeros textos veiculados em meios diversos (jornais, revistas, rádio, TV, internet, cinema, teatro) cuja produção é "orientada" para um determinado tipo de leitor (um público específico), o que, aliás, vem evidenciar o princípio interacional constitutivo do texto, do uso da língua.

Texto

Além dos fatores da compreensão da leitura derivados do autor e do leitor, há os derivados do texto que dizem respeito à sua legibilidade, podendo ser materiais, linguísticos ou de conteúdo (cf. ALLIENDE & CONDEMARÍN, 2002).

Dentre os **aspectos materiais** que podem comprometer a compreensão, os autores citam: o tamanho e a clareza das letras, a cor e a textura do papel, o comprimento das linhas, a fonte empregada, a variedade tipográfica, a constituição de parágrafos muito longos; e, em se tratando da escrita digital, a qualidade da tela e uso apenas de maiúsculas ou de minúsculas ou excesso de abreviações.

Além dos fatores materiais, há **fatores linguísticos** que podem dificultar a compreensão, tais como: o léxico; estruturas sintáticas complexas caracterizadas pela abundância de elementos subordinados; orações supersimplificadas, marcadas pela ausência de nexos para indicar relações de causa/efeito, espaciais, temporais; ausência de sinais de pontuação ou inadequação no uso desses sinais.

Vejamos, a seguir, um clássico exemplo de um gênero textual (bula) no qual a conjugação de fatores materiais e linguísticos compromete a compreensão leitora.

Esta bula é continuamente atualizada. Favor proceder a sua leitura antes de utilizar o medicamento.

Novalgina□

dipirona sódica   *Aventis*

FORMAS FARMACÊUTICAS E APRESENTAÇÕES
Comprimidos 500 mg - embalagens com 30, 100 e 240 comprimidos.
Solução oral (gotas) - frascos com 10 e 20 mL.
Solução oral - frascos com 100 mL acompanhados de medida graduada (2,5 mL - 5 mL - 7,5 mL e 10 mL).

USO ADULTO E PEDIÁTRICO

COMPOSIÇÃO
Cada comprimido de 500 mg contém:
Dipirona sódica .... 500 mg
Excipientes q.s.p. .... 1 comprimido
(estearato de magnésio, macrogol 4000)

Cada mL de solução oral (gotas) contém:
Dipirona sódica .... 500 mg
Veículo q.s.p. .... 1 mL
(fosfato de sódio monobásico di-idratado, fosfato de sódio dibásico dodecaidratado, sacarina sódica, essência meio a meio, corante amarelo tartrazina, água purificada)

Cada mL de solução oral contém:
Dipirona sódica 50mg
Veículo q.s.p. .... 1 mL
(açúcar, formaldeído bissulfito de sódio, sorbato de potássio, benzoato de sódio, ácido cítrico, corante eritrosina, essência de framboesa, água purificada)

INFORMAÇÃO AO PACIENTE
Ação esperada do medicamento: NOVALGINA® (dipirona sódica) é um medicamento à base de dipirona sódica, utilizado no tratamento das manifestações dolorosas e febre. Para todas as formas farmacêuticas, os efeitos analgésico e antipirético podem ser esperados em 30 a 60 minutos após a administração e geralmente duram aproximadamente 4 horas.
Cuidados de armazenamento: NOVALGINA® (dipirona sódica) comprimidos deve ser armazenado ao abrigo da luz e umidade, NOVALGINA® (dipirona sódica) solução oral deve ser armazenado ao abrigo da luz e NOVALGINA® (dipirona sódica) gotas deve ser armazenada em temperatura ambiente (entre 15 e 30 °C) ao abrigo da luz e umidade.
Prazo de validade: vide cartucho. Ao adquirir o medicamento, confira sempre o prazo de validade impresso na embalagem externa do produto.
NUNCA USE MEDICAMENTO COM PRAZO DE VALIDADE VENDIDO. PODE SER PREJUDICIAL À SUA SAÚDE.
Gravidez e lactação: informe seu médico a ocorrência de gravidez na vigência do tratamento ou após o seu término ou se está amamentando. NOVALGINA® (dipirona sódica) não deve ser utilizada durante o primeiro e terceiro trimestres da gravidez e durante a lactação.
Cuidados de administração: siga a orientação do seu médico, respeitando sempre os horários, as doses e a duração do tratamento. NOVALGINA® (dipirona sódica) não deve se administrada em altas doses, ou por períodos prolongados, sem controle médico. Cada 5 mL de NOVALGINA® (dipirona sódica) solução oral contém 3,6 g de açúcar, portanto, não deve ser administrada a diabéticos.
Modo de usar:

1 - Coloque o produto na posição vertical com a tampa para o lado de cima, gire-a até romper o lacre.
Fig. 1

2 - Vire o frasco com o conta-gotas para o lado de baixo e bata levemente com o dedo no fundo do frasco, para iniciar o gotejamento.
Fig. 2

Interrupção do tratamento: o tratamento pode ser interrompido a qualquer instante sem provocar danos ao paciente.
Reações adversas: informe seu médico o aparecimento de reações desagradáveis, tais como: coceira, ardor, inchaço, bem como quaisquer outros sinais ou sintomas. Informe também caso você sinta dor ou qualquer anormalidade na boca ou garganta.
TODO MEDICAMENTO DEVE SER MANTIDO FORA DO ALCANCE DAS CRIANÇAS.
Ingestão concomitante com outras substâncias: deve-se ter cautela quando da administração concomitante de NOVALGINA® (dipirona sódica) com ciclosporina.
Contraindicações e precauções: NOVALGINA® (dipirona sódica) está contraindicada a pacientes que apresentam hipersensibilidade aos medicamentos que contenham dipirona sódica, propifenazona, fenazona, fenilbutazona, oxifembutazona ou aos demais componentes da formulação, em casos de porfiria hepática aguda intermitente, deficiência congênita de glicose-6-fosfato desidrogenase, asma analgésica ou intolerância analgésica, em crianças menores de 3 meses de idade ou pesando menos de 5 Kg e nos três primeiros e três últimos meses de gravidez. A lactação deve ser evitada durante e até 48 horas após o uso de NOVALGINA® (dipirona sódica).
Informe seu médico sobre qualquer medicamento que esteja usando, antes do início ou durante o tratamento. Informe também, caso você tenha asma ou outros problemas respiratórios. Durante o tratamento com NOVALGINA® (dipirona sódica) pode-se observar uma coloração avermelhada na urina que desaparece com a descontinuação do tratamento, devido à excreção do ácido rubazônico.
NÃO TOME REMÉDIO SEM O CONHECIMENTO DO SEU MÉDICO. PODE SER PERIGOSO PARA SUA SAÚDE.
Para NOVALGINA® (dipirona sódica) SOLUÇÃO ORAL (GOTAS), favor observar a seguinte menção: **ESTE PRODUTO CONTÉM O CORANTE AMARELO DE TARTRAZINA QUE PODE CAUSAR REAÇÕES DE NATUREZA ALÉRGICA, ENTRE AS QUAIS ASMA BRÔNQUICA, ESPECIALMENTE EM PESSOAS ALÉRGICAS AO ÁCIDO ACETILSALICÍLICO.**

INFORMAÇÃO TÉCNICA
Propriedades Farmacodinâmicas
A dipirona sódica é um derivado pirazolônico não-narcótico com efeitos analgésico e antipirético.

O seu mecanismo de ação não se encontra completamente investigado. Alguns dados indicam que a dipirona sódica e seu principal metabólito (4-N-metilaminoantipirina) possuem mecanismo de ação central e periférico combinados.

Propriedades Farmacocinéticas

A farmacocinética da dipirona sódica e de seus metabólitos não está completamente investigada, porém as seguintes informações podem ser fornecidas:

Após administração oral, a dipirona sódica é completamente hidrolisada em sua porção ativa, 4-N-metilaminoantipirina (MAA). A biodisponibilidade absoluta do MAA é de aproximadamente 90%, sendo um pouco maior após administração oral quando comparada à administração intravenosa. A farmacocinética do MAA não é extensivamente alterada quando a dipirona sódica é administrada concomitantemente a alimentos.

Principalmente o MAA, mas também o 4-aminoantipirina (AA), contribuem para o efeito clínico. Os valores de AUC para AA constituem aproximadamente 25% do valor de AUC para MAA. Os metabólitos 4-N-acetilaminoantipirina (AAA) e 4-N-formilaminoantipirina (FAA) parecem não apresentar efeito clínico. São observadas farmacocinéticas não-lineares para todos os metabólitos. São necessários estudos adicionais antes que se chegue a uma conclusão sobre o significado clínico destes resultados. O acúmulo de metabólitos apresenta pequena relevância clínica em tratamentos de curto prazo.

O grau de ligação às proteínas plasmáticas é de 58% para MAA, 48% para AA, 18% para FAA e 14% para AAA.

Após a administração intravenosa, a meia-vida plasmática é de aproximadamente 14 minutos para a dipirona sódica. Aproximadamente 96% e 6% da dose radiomarcada administrada por via intravenosa foram excretadas na urina e fezes, respectivamente. Foram identificados 85% dos metabólitos que são excretados na urina, quando da administração oral de dose única, obtendo-se 3% ± 1% para MAA, 6% ± 3% para AA, 26% ± 8% para AAA e 23% ± 4% para FAA. Após administração oral de dose única de 1 g de dipirona sódica, o "clearance" renal foi de 5 mL ± 2 mL/min para MAA, 38 mL ± 13 mL/min para AA, 61 mL ± 8 mL/min para AAA, e 49 mL ± 5 mL/min para FAA. As meias-vidas plasmáticas correspondentes foram de 2,7 ± 0,5 horas para MAA, 3,7 ± 1,3 horas para AA, 9,5 ± 1,5 horas para AAA, e 11,2 ± 1,5 horas para FAA.

Em idosos, a exposição (AUC) aumenta 2 a 3 vezes. Em pacientes com cirrose hepática, após administração oral de dose única, a meia-vida de MAA e FAA aumentou 3 vezes (10 horas); enquanto para AA e AAA este aumento não foi tão marcante.

Pacientes com insuficiência renal não foram extensivamente estudados até o momento. Os dados disponíveis indicam que a eliminação de alguns metabólitos (AAA e FAA) é reduzida.

INDICAÇÕES

Analgésico e antipirético.

CONTRAINDICAÇÕES

NOVALGINA® (dipirona sódica) não deve ser administrada a pacientes com:
- **Hipersensibilidade à dipirona sódica ou a qualquer um dos componentes da formulação ou a outras pirazolonas (ex.: fenazona, propifenazona) ou a pirazolidinas (ex.: fenilbutazona, oxifembutazona) incluindo, por exemplo, caso anterior de agranulocitose em reação a um destes medicamentos.**
- **Em certas doenças metabólicas tais como: porfiria hepática aguda intermitente (risco de indução de crises de porfiria) e deficiência congênita da glicose-6-fosfato-desidrogenase (risco de hemólise).**
- **Função da medula óssea insuficiente (ex.: após tratamento citostático) ou doenças do sistema hematopoiético.**
- **Asma analgésica ou intolerância analgésica do tipo urticária-angioedema, ou seja, em pacientes com desenvolvimento anterior de broncospasmo ou outras reações anafilactoides (ex.: urticária, rinite, angioedema) provocadas por salicilatos, paracetamol ou outros analgésicos não-narcóticos (ex.: diclofenaco, ibuprofeno, indometacina, naproxeno).**
- **Crianças menores de 3 meses de idade ou pesando menos de 5 Kg.**
- **É recomendada supervisão médica quando se administra à crianças com mais de 3 meses e crianças pequenas.**
- **Durante os três primeiros e três últimos meses de gravidez.**

PRECAUÇÕES E ADVERTÊNCIAS

Em caso de ocorrência de sinais sugestivos de agranulocitose ou trombopenia (ver item REAÇÕES ADVERSAS), deve-se interromper o tratamento com NOVALGINA® (dipirona sódica) imediatamente e realizar contagem de células sanguíneas (incluindo contagem diferencial de leucócitos). A interrupção do tratamento com NOVALGINA® (dipirona sódica) não deve ser adiada até que os resultados dos testes laboratoriais estejam disponíveis.

Pacientes que apresentam reações anafilactoides à dipirona sódica podem apresentar um risco especial para reações semelhantes a outros analgésicos não-narcóticos.

Pacientes que apresentam reações anafiláticas ou outras imunologicamente mediadas, ou seja, reações alérgicas (ex.: agranulocitose) à dipirona sódica, podem apresentar um risco especial para reações semelhantes a outras pirazolonas ou pirazolidinas.

Os seguintes pacientes apresentam risco especial para reações anafilactoides graves possivelmente relacionadas à dipirona sódica:
- **pacientes com asma analgésica ou intolerância analgésica do tipo urticária-angiodema (ver item CONTRAINDICAÇÕES);**
- **pacientes com asma brônquica, particularmente aqueles com rinosinusite poliposa concomitante;**
- **pacientes com urticária crônica;**
- **pacientes com intolerância ao álcool, ou seja, pacientes que reagem até mesmo a pequenas quantidades de certas bebidas alcoólicas, apresentando sintomas como espirros, lacrimejamento e rubor pronunciado da face. A intolerância ao álcool pode ser um indício de síndrome de asma analgésica prévia não diagnosticada;**
- **pacientes com intolerância a corantes (ex.: tartrazina) ou a conservantes (ex.: benzoatos).**

A administração de dipirona sódica pode causar reações hipotensivas isoladas (ver item REAÇÕES ADVERSAS). Essas reações são possivelmente dose-dependentes e ocorrem com maior probabilidade após administração parenteral. Além disso, o risco de reações hipotensivas graves desse tipo é aumentado: se a administração parenteral não for realizada lentamente; em pacientes que apresentam hipotensão pré-existente; em pacientes com depleção volumétrica ou desidratação, instabilidade circulatória ou insuficiência circulatória incipiente; bem como em pacientes com febre excepcionalmente alta (hiperpirexia).

Nestes pacientes, a dipirona sódica deve ser indicada com extrema cautela e administração de NOVALGINA® (dipirona sódica) em tais circunstâncias deve ser realizada sob supervisão médica. Podem ser necessárias medidas preventivas (como estabilização da circulação) para reduzir o risco de reações de hipotensão,

Em pacientes nos quais a diminuição da pressão sanguínea deve ser absolutamente evitada, tais como em pacientes com coronariopatia grave ou estenose relevantes dos vasos sanguíneos que suprem o cérebro, a dipirona sódica deve ser administrada somente sob monitorização hemodinâmica.

Como vemos, não é à toa que a bula é conhecida como um texto de difícil leitura por seus aspectos materiais, linguísticos e de conteúdo. Tamanha é a dificuldade da leitura e compreensão do gênero, que já existe em andamento uma proposta para resolver o problema. É o que nos informa o texto a seguir:

NOVAS BULAS

Na linguagem popular, a expressão "como bula de remédio" já se tornou sinônima de texto difícil de ler, seja pelas letras pequenas seja pela linguagem obscura. É especialmente cruel o fato de que as letras mínimas causam especial embaraço às pessoas de maior idade, justamente as que mais tendem a precisar de medicamentos.

É, portanto, mais do que bem-vinda a iniciativa da Anvisa (Agência Nacional de Vigilância Sanitária) de modificar as regras para a confecção de bulas, visando a facilitar a vida do consumidor. A oportunidade do empreendimento não o torna, porém, mais simples ou mesmo factível.

Dentro em breve, a pessoa que comprar um medicamento na farmácia receberá apenas a bula que contém explicações destinadas ao paciente. As informações técnicas – dirigidas a médicos – constarão de um bulário on-line da Anvisa e de fármacos utilizados em hospitais, além, é claro, dos diversos dicionários de remédios já no mercado. Atualmente, as bulas trazem tanto informações ao paciente como as destinadas a profissionais de saúde.

Com as novas regras, será possível aproveitar melhor o espaço para aumentar o tamanho da letra. A separação dos textos também evitará a duplicação de informações, que frequentemente gera dúvidas.

A principal dificuldade é encontrar a linguagem ideal para a bula ao paciente. Tomam remédios e deveriam ser capazes de entender suas instruções desde o semianalfabeto até pessoas com formação superior.

Se, para os segundos, um termo como "crise epiléptica" não oferece maiores problemas de compreensão, ele pode ser impenetrável para o público com menor formação. E como substituí-lo sem sacrificar em demasia a precisão técnica?

Não há resposta pronta. Sabe-se apenas que ela passa pelo bom senso. Infelizmente, apesar do que certa vez proclamou um sábio, o bom senso não foi muito bem repartido entre todos os seres humanos.

Fonte: *Folha de S.Paulo,* 25 mar. 2004.

Escrita e leitura: contexto de produção e contexto de uso

Depois de escrito, o texto tem uma existência independente do autor. Entre a produção do texto escrito e a sua leitura, pode passar muito tempo, as **circunstâncias da escrita** (**contexto de produção**) podem ser absolutamente diferentes das **circunstâncias da leitura** (**contexto de uso**), fato esse que interfere na produção de sentido, como bem exemplifica a tirinha a seguir:

Fonte: *Folha de S.Paulo*, 8 maio 2005.

Pode acontecer também que o texto venha a ser lido num lugar muito distante daquele em que foi escrito ou pode ter sido reescrito de muitas formas, mudando consideravelmente o modo de constituição da escrita, como nos exemplificam os textos a seguir:

Texto 1

Capítulo I
QUE TRATA DA CONDIÇÃO E EXERCÍCIO DO
FAMOSO FIDALGO DOM QUIXOTE DE LA MANCHA

Num lugar de La Mancha,[1] de cujo nome não quero lembrar-me, vivia, não há muito, um fidalgo, dos de lança em cabido, adarga antiga, rocim fraco, e

---

[1] A alusão de Cervantes pode referir-se a um dos sete povoados: Miguel Esteban, Villaverde, Esquivias, Tisteafuera, Quintanar de La Orden, Argamasilla de Calatrava, Argamasilha de Alba; alguns com forte tradição cervantina.

galgo corredor. Passadio, olha seu tanto mais de vaca do que de carneiro,[2] as mais das ceias restos da carne picados com sua cebola e vinagre, aos sábados outros sobejos ainda somenos, lentilhas às sextas-feiras, algum pombito de crescença aos domingos, consumiam três quartos do seu haver. O remanescente, levavam-no saio de velarte,[3] calças de veludo para as festas, com seus pantufos do mesmo; e para os dias de semana o seu vellorí[4] do mais fino. Tinha em casa uma ama que passava dos quarenta, uma sobrinha que não chegava aos vinte, e um moço da poisada e de porta afora, tanto para o trato do rocim, como para o da fazenda. Orçava na idade o nosso fidalgo pelos cinquenta anos. Era rijo de compleição, seco de carnes, enxuto de rosto, madrugador, e amigo da caça. Querem dizer que tinha o sobrenome de Quijada ou Quesada, que nisto discrepam algum tanto os autores que tratam na matéria; ainda que por conjeturas verossímeis se deixa entender que se chamava Quijana. Isto, porém, pouco faz para a nossa história; basta que, no que tivermos de contar, não nos desviemos da verdade nem um til.

É pois de saber que este fidalgo, nos intervalos que tinha de ócio (que eram os mais do ano), se dava a ler livros de cavalarias, com tanta afeição e gosto, que se esqueceu quase de todo do exercício da caça, e até da administração dos seus bens; e a tanto chegou a sua curiosidade e desatino neste ponto, que vendeu muitos trechos de terra de semeadura para comprar livros de cavalarias que ler, com o que juntou em casa quantos pôde apanhar daquele gênero. Dentre todos eles, nenhum lhe pareciam tão bem como os compostos pelo famoso Feliciano de Silva,[5] porque a clareza da sua prosa e aquelas intrincadas razões suas lhe pareciam de pérolas, e mais, quando chegava a ler aqueles requebros e cartas de desafio, onde em muitas partes achava escrito: "A razão da sem-razão que à minha razão se faz, de tal maneira a minha razão enfraquece, que com razão me queixo da vossa formosura". E também quando lia: "...os altos céus que de vossa divindade divinamente com as estrelas vos fortificam, e vos fazem merecedora do merecimento que merece a vossa grandeza".[6]

Fonte: CERVANTES SAAVEDRA, Miguel de. *Dom Quixote de la Mancha*. São Paulo: Nova Cultural, 2002, p. 31.

---

[2] A carne de carneiro era mais apreciada que a de vaca. Em toda essa passagem pinta Cervantes a vida pacífica e medíocre do fidalgo.

[3] Pano negro e lustroso, usado como agasalho.

[4] Pano de espessura média, da cor da lã, embora inferior ao velarte.

[5] Autor da *Segunda comédia de Calixto* e de vários livros de cavalaria, entre os quais *Lisuarte de Grécia*, *Amadis de Grécia*, *Florisel de Niqueia* e *Rogel de Grécia*.

[6] Este trecho é um exemplo das degenerações da linguagem cavaleiresca.

Texto 2

Dom Quixote sonhador

Dom Quixote era um homem muito sonhador. Vivia imaginando grandes aventuras em que sempre fazia o papel de herói.

Morava numa pequena aldeia na Província da Mancha, na Espanha, onde havia nascido. Como tinha pouco o que fazer, sobrava-lhe tempo para sonhar e ler muitos livros. Gostava dos livros de aventuras, principalmente os que contavam as incríveis histórias dos cavaleiros andantes. Elas o deixavam muito empolgado.

Porém, de tanto ler e fantasiar, seu cérebro começou aos poucos a confundir-se. O passado e o presente se misturavam.

Certo dia, convenceu-se de que era um daqueles valentes cavaleiros e tinha como missão ajudar os fracos e salvar as belas princesas raptadas por vilões.

Vasculhando um escuro sótão cheio de coisas inúteis, Dom Quixote encontrou uma antiga armadura de algum de seus avós. Como estava toda desmantelada, deu um jeito de amarrar as partes rompidas com tiras de couro e ajeitar o melhor que podia os ferros tortos. Limpou-a depois muito bem, até ficar brilhante.

Vestiu a estranha roupa, armou-se de uma velha espada enferrujada e de uma lança há muito ali esquecida, e sentiu-se tal qual um de seus heróis.

Satisfeito, montou em seu magro e estropiado cavalo. Havia chegado a hora de sair em busca de aventuras, como um verdadeiro fidalgo da ordem dos cavaleiros andantes!

Era um espetáculo ver o magríssimo Dom Quixote vestindo aquela armadura tão ridícula e montado num pangaré esquelético, o Rocinante, arrastando-se pela estrada afora, sem rumo.

O texto 1, extraído de Dom Quixote, clássico de Miguel de Cervantes, e o texto 2, extraído de Dom Quixote, adaptação da obra de Cervantes voltada para o público infantil, são exemplos muito bons de que:

- um texto pode ser lido num lugar e tempo muito distantes daquele em que foi produzido;
- um texto pode ser reescrito de muitas formas, objetivando atender a tipos diferentes de leitor.

Texto e leitura

Neste nosso percurso, destacamos que a leitura é uma atividade que solicita intensa participação do leitor, pois, se o autor apresenta um texto incompleto, por pressupor a inserção do que foi dito em esquemas cognitivos compartilhados, é preciso que o leitor o complete, por meio de uma série de contribuições.

Assim, no processo de leitura, o leitor aplica ao texto um modelo cognitivo, ou esquema, baseado em conhecimentos armazenados na memória. O esquema inicial pode, no decorrer da leitura, se confirmar e se fazer mais preciso, ou pode se alterar rapidamente, como podemos verificar na leitura do texto a seguir:

Almas Gêmeas I

– Oi! Tudo bem?

– Tudo tranquilo, e aí?

– Eu estava louca para conversar com você de novo, ontem nosso papo foi muito bom...

– É verdade, há um mês eu entrei no bate-papo meio por entrar e de repente...

– De repente?

– De repente, encontro uma Maria, com a qual sonhei a vida inteira.

– Verdade mesmo? Você está falando sério?

– Falando sério? Você nem imagina quanto! Nas nossas conversas rápidas, eu senti assim uma premonição de que ali estava, finalmente, a minha alma gêmea.

– Agora você me deixou emocionada... Mas, na verdade, eu também senti uma coisa meio diferente e hoje mais ainda, neste nosso início de bate-papo. Sabe de uma coisa, João? Até parece que eu te conheço de uma vida inteira.

– E eu, Maria? Desde outras vidas, tamanha é a afinidade que eu sinto por você.

– Que bonito, João. Assim é covardia, esta batalha você ganhou.

– Ganhei nada, sou desde já refém da sua simpatia, seu jeito, sua forma de expressar...

– Obrigada, João.

– Nem agradeça, Maria. Vamos conversar mais, quero saber tudo de você. Quem é você?

– *Adivinha, se gostas de mim...*

– *Quem é você, minha misteriosa?*

– *Eu sou Colombina.*

– *Eu sou Pierrot. Mas nem é carnaval, nem meu tempo passou. Bom, pelo menos depois de você.*

– *É verdade, João. Deixando a música de lado, eu que já não sou tão menina, apesar de estar me sentindo assim, quero que você saiba que a minha vida estava muito chata, muito monótona até que o destino te colocou neste diálogo meio louco, meio mágico...*

– *Vamos fazer o jogo da verdade, Maria? Eu sou João, ou outro nome qualquer, tenho 45 anos, casado há muito tempo, sem filhos. Meu casamento entrou numa rotina...*

– *Eu também, João, estou casada há muito tempo, também sem filhos, achando que era feliz, até te descobrir, e, principalmente, descobrir que estou viva. Apesar de também ter passado dos quarenta, estou me sentindo uma colegial, diante das primeiras emoções.*

– *A minha esposa é boazinha, mas não tem a mínima imaginação, nem a tua sensibilidade. Jamais seria capaz de um diálogo deste nível.*

– *O meu marido é honesto, trabalhador, mas é um tremendo cretino, só pensa em futebol.*

– *Eu até gosto de futebol, mas não sou muito fanático. A minha mulher só quer saber daquelas novelas chatas, sempre do mesmo jeito.*

– *Eu quase que nem assisto novelas, prefiro ler e conversar. Com pessoas como você, é claro!*

– *Pois é... este papo de internauta é gostoso, mas já não me satisfaz plenamente. Eu quero te conhecer pessoalmente, tocar no teu corpo. E quem sabe...*

– *Eu fico meio envergonhada... Mas, dane-se o pudor, estou louca para fazer com você as coisas mais loucas que puder...*

– *Que tal neste fim de semana, à tarde... a gente poderia ir a um barzinho...*

– *Eu topo!!!*

– *Me deixa o número do seu celular...*

– *Ah! É 9899...*

– *9899... Mas este é o celular da minha esposa!!! É você, Joana???*

– *José?!!!!*

Autor: Luiz Fernando Elias é cardiologista e, nas horas vagas, cronista.

Como leitores, ao iniciarmos a interação com o autor por meio do texto, situamos a história no seguinte quadro: um homem e uma mulher estão em um bate-papo de internet e, geralmente, como é esperado nessa situação, comportam-se como dois desconhecidos.

O modo pelo qual o autor constrói a história pressupõe do leitor a consideração a esse esquema, que guiará a compreensão até a penúltima linha do texto, quando a hipótese inicial, reforçada pelo desenvolvimento da história, deve ser alterada e reconstruída pelo leitor: o homem e a mulher que conversavam numa sala de bate-papo via internet não eram dois desconhecidos – não se levarmos em conta o sentido mais corriqueiro da palavra –, eram, para surpresa dos dois personagens (do mundo textual) e dos virtuais leitores (do mundo real), marido e mulher.

Assim, o texto é um exemplo de que o autor pressupõe a participação do leitor na construção do sentido, considerando a (re)orientação que lhe é dada. Nesse processo, ressalta-se que **a compreensão não requer que os conhecimentos do texto e os do leitor coincidam, mas que possam interagir dinamicamente** (ALLIENDE & CONDEMARÍN, 2002: 126-7).

> Se, como vimos, a leitura é uma atividade de construção de sentido que pressupõe a interação autor-texto-leitor, é preciso considerar que, nessa atividade, além das pistas e sinalizações que o texto oferece, entram em jogo os conhecimentos do leitor. É desses conhecimentos que trataremos a seguir.

2
Leitura, sistemas de conhecimentos e processamento textual

Na atividade de leitura e produção de sentido, colocamos em ação várias **estratégias** sociocognitivas. Essas estratégias por meio das quais se realiza o processamento textual mobilizam vários tipos de conhecimento que temos armazenados na memória, como veremos neste capítulo.

> Estratégia: *uma instrução global para cada escolha a ser feita no curso da ação* (Koch, 2002: 50)

Dizer que o processamento textual é estratégico significa que os leitores, diante de um texto, realizam simultaneamente vários passos interpretativos finalisticamente orientados, efetivos, eficientes, flexíveis e extremamente rápidos.

Para termos uma ideia de como ocorre o processamento textual, basta pensar que, na leitura de um texto, fazemos pequenos cortes que funcionam como entradas a partir dos quais elaboramos hipóteses de interpretação.

Koch (2002) afirma que, para o processamento textual, recorremos a três grandes sistemas de conhecimento:

- **conhecimento linguístico;**
- **conhecimento enciclopédico;**
- **conhecimento interacional.**

Conhecimento linguístico

Abrange o conhecimento gramatical e lexical. Baseados nesse tipo de conhecimento, podemos compreender: a organização do material linguístico na superfície textual; o uso dos meios coesivos para efetuar a remissão ou sequenciação textual; a seleção lexical adequada ao tema ou aos modelos cognitivos ativados.

A título de exemplicação, vejamos a importância do conhecimento linguístico para a compreensão dos textos a seguir:

Texto 1

Fonte: *O Estado de S. Paulo*, 17 set. 2004.

Para a compreensão dessa tirinha, é necessário considerar a ligação entre a ideia 1 Mão única e a ideia 2 não necessariamente a certa estabelecida pelo elemento coesivo – mas –, conjunção que expressa oposição em relação ao esperado, ao pressuposto. No caso, se é mão única, espera-se que seja a certa. O que o uso do mas expressa, no exemplo, é justamente a oposição à ideia pressuposta. Certamente, poderemos realizar leituras e leituras em relação à tirinha, porém, nessa atividade de produção do sentido, o mas é elemento relevante.

Texto 2

Fonte: *Revista Veja*.

No texto, o enunciado *Pitú is on the table* nos chama a atenção por dois motivos, não necessariamente na ordem em que apresentamos: primeiro porque está escrito em letras garrafais; segundo, porque contém uma expressão – com a função sintática de predicado – não em língua portuguesa, mas em língua inglesa.

A compreensão da mensagem exige do leitor resposta à questão: o que significa a expressão em inglês? A expressão *is on the table*, cujo significado é está sobre a mesa, pode ser entendida por alguém que conheça um mínimo de língua inglesa. Esse conhecimento da língua e do significado da expressão é pressuposto para a compreensão que será mais completa se o leitor:

- perceber a "brincadeira" feita a partir de uma frase básica que os iniciantes em inglês aprendem: "The book is on the table";
- levar em conta que o uso do inglês e não de uma outra língua é indicadora do prestígio e abrangência da língua inglesa no cenário mundial;
- considerar não só a mensagem produzida, mas também o meio de circulação e o objetivo pretendido: veiculado em revista brasileira de grande tiragem, o anúncio objetiva atingir novos consumidores com base na ideia da apreciação/aceitação da cachaça brasileira (leia-se Pitú) em vários lugares do mundo.

Além disso, contudo, necessário se faz que o leitor leve em conta aspectos relacionados ao conhecimento e uso da língua, à organização do material linguístico na superfície textual, ao uso do meios coesivos para introduzir e retomar um referente. No texto, a referenciação (**ver capítulo 6**) a Pitú é construída por meio das expressões nominais: a cachaça pernambucana, o nome da bebida, bebida genuinamente brasileira, destacando-se a seleção lexical adequada ao tema ou aos modelos cognitivos ativados.

Conhecimento enciclopédico ou conhecimento de mundo

Refere-se a conhecimentos gerais sobre o mundo – uma espécie de *thesaurus* mental – bem como a conhecimentos alusivos a vivências pessoais e eventos espácio-temporais situados, permitindo a produção de sentidos. Vejamos os textos a seguir:

Texto 1

Fonte: *Folha de S.Paulo*, 5 set. 2005.

Se não levarmos em conta conhecimentos de mundo, como, então, compreender o enunciado: seis, de preferência?

Para a compreensão do texto, é preciso saber que o Brasil foi classificado para a Copa do Mundo de Futebol em 2006, a ser realizada na Alemanha, e o esperado por todos nós, torcedores brasileiros, é que o país seja campeão e, dessa forma, seja o único a obter o título de hexacampeão mundial.

Ainda sobre o conhecimento enciclopédico, vejamos que, nos textos a seguir, esse conhecimento é essencial para a produção de sentido.

Caso contrário, como relacionar, no **texto 2**, o enunciado como os personagens de tirinhas fazem a barba com o líquido corretor? Ou ainda como relacionar, no **texto 3**, os enunciados quebrou, pagou com leu (usando leitura dinâmica), pagou? Como vemos, é preciso num e noutro caso ativar conhecimentos das coisas do mundo para produzir sentido a partir do linguístico materialmente constituído.

Texto 2

Fonte: *O Estado de S.Paulo*, 16 set. 2004.

Na leitura do texto, entendemos o enunciado como os personagens de tirinhas fazem a barba, quando levamos em conta que:
- as personagens de tirinhas são criações resultantes do trabalho do autor;
- esse trabalho, geralmente, é publicado em jornais ou revistas;
- o líquido corretor é um produto utilizado para correção da produção em papel;
- os homens, no mundo real, usam aparelho de barbear para fazer a barba e, assim, alterar ("corrigir") seu visual;
- os personagens, seres do mundo ficcional criados em papel, também podem alterar (corrigir) seu visual, porém, para tanto, recorrem a outro instrumento: o líquido corretor.

Assim, a compreensão do texto ocorre, de modo satisfatório, quando o leitor ativa esses conhecimentos na sua interação com o texto, o autor.

Texto 3

Fonte: *O Estado de S.Paulo*, 6 set. 2004.

De que conhecimentos de mundo necessitamos para entender a tirinha anterior? Bom, é preciso considerar, quanto ao primeiro enunciado, que, geralmente, em lojas de artigos finos ou em feiras de antiguidades, nos deparamos com o enunciado: Favor não tocar.

O enunciado do texto Quebrou, pagou seria uma versão não polida daquele enunciado que poderia ser mais ou menos assim traduzido: "é bom não tocar nos objetos, porque, se o fizer e quebrar algo, terá de pagar". Quanto ao enunciado 2 Leu (usando leitura dinâmica), pagou, nos chama a atenção:

- o paralelismo sintático construído em relação ao enunciado 1: Quebrou, pagou; Leu..., pagou;
- a informação entre parênteses usando leitura dinâmica.

Segundo nosso conhecimento de mundo, sabemos que leitura dinâmica é um método caracterizado por técnicas que propiciam uma leitura com muita rapidez. Também pelo nosso conhecimento de mundo, sabemos que sempre há quem recorra a esse método para justificar "uma olhadinha" (e claro, sem pagar) em livros, revistas e jornais expostos em bancas de jornais, livrarias ou lugares afins. Pois bem, no caso do enunciado 2, a pressuposta desculpa dada por leitores – que funciona como justificativa para "ler sem pagar" – é usada na tirinha como justificativa para o pagamento. Como vemos, se os leitores não ativarem esses conhecimentos de mundo, a compreensão do texto estará comprometida.

Conhecimento interacional

Refere-se às formas de interação por meio da linguagem e engloba os conhecimentos:

- ilocucional;
- comunicacional;
- metacomunicativo;
- superestrutural.

Conhecimento ilocucional

Permite-nos reconhecer os objetivos ou propósitos pretendidos pelo produtor do texto, em uma dada situação interacional.

No trecho a seguir, extraído do livro *A maior flor do mundo*, escrito por José Saramago, reconhecemos o propósito do autor: desculpar-se antecipadamente, caso o livro não agrade ao público infantil (os virtuais leitores), uma vez que se trata de sua primeira obra endereçada a crianças. Trata-se de um exemplo muito bom de conhecimento ilocucional. Vejamos:

As histórias para crianças devem ser escritas com palavras muito simples, porque as crianças, sendo pequenas, sabem poucas palavras e não gostam de usá-las complicadas. Quem me dera saber escrever essas histórias, mas nunca fui capaz de aprender, e tenho pena. Além de ser preciso saber escolher as palavras, faz falta um certo jeito de contar, uma maneira muito certa e muito explicada, uma paciência muito grande — e a mim falta-me pelo menos a paciência, do que peço desculpa.

Fonte: SARAMAGO, J. *A maior flor do mundo*. Ilust.de João Caetano. São Paulo: Companhia das Letrinhas, 2001, pp. 2-3.

Por sua vez, no texto a seguir, o autor propõe que consideremos, para a produção de sentido, a "falta" de conhecimento ilocucional, revelada no balão do último quadrinho referente à fala do garoto em resposta à "bronca/crítica" do pai. Vejamos:

Fonte: *O Estado de S.Paulo*, 6 set. 2004.

Também o texto de Ignácio de Loyola Brandão, que vamos ler a seguir, constitui-se de modo a focalizar a "falta" de conhecimento ilocucional e é justamente esse "desconhecimento" que provoca o efeito de riso no leitor, além de chamar a atenção, é claro, para o princípio segundo o qual o sentido não está no texto, se considerarmos que *nem tudo está dito no dito* ou, ainda, que *nem tudo o que está dito é o que está dito*. Passemos ao texto:

Para quem não dorme de touca

Na infância, ele era diferente. Acreditava nos outros, acreditava nas coisas. Quando alguém dizia:
– Por que não vai ver se estou na esquina?
Ele corria até a esquina, olhava, esperava um pouco, reconfirmava e voltava:
– Não tem ninguém na esquina.
– Quer dizer que voltei.
– Por que não me avisou que voltou?
– Voltei por outro caminho.
– Que outro caminho?
– O caminho das pedras. Não conhece o caminho das pedras?
– Não.
– Então não vai ser nada na vida.
Outra vez, numa discussão, alguém foi imperioso:
– Quer saber? Vá plantar batatas.

Ele correu no armazém, comprou um quilo de batatas e foi até o quintal, plantou tudo. Não é que as batatas germinaram? Houve também aquele dia em que um amigo convidou:

– Vamos matar o bicho?

– Onde o bicho está?

– Ali no bar.

– Que bicho? É perigoso? Me dê um minuto, passo em casa, pego a espingarda do meu pai...

– Espingarda? Venha com a sede.

– Não estou com sede.

– Matar o bicho, meu caro, é beber uma pinga.

Em outra ocasião, um primo perguntou:

– Você fez alguma coisa para a Mercedes?

– Não. Por quê?

– Ela passou por mim, está com a cara amarrada.

– Amarrada com barbante, com corda, com arame? Por que uma pessoa amarra a cara da outra?

– Nada, esquece! Você ficou com cara de mamão macho, me deixou com cara de tacho. É um cara de pau e ainda fica aí me olhando com a mesma cara.

Outra vez, uma menina, que ele queria namorar, se encheu:

– Pára! Não me amole! Por que não vai pentear macaco?

Naquela tarde ele foi surpreendido no minizoológico do bairro, com um pente na mão e tentando agarrar um macaco, a quem procurava seduzir com bananas. Uma noite, combinaram de jogar baralho e um dos parceiros propôs:

– Vai ser a dinheiro ou a leite de pato?

– Leite de pato, propuseram os jogadores.

Ele se levantou:

– Então, esperem um pouco. Trouxe dinheiro, mas não leite de pato. Vou providenciar.

– E onde vai buscar leite de pato?

– A Mirela, ali da esquina, tem um galinheiro enorme, está cheio de patos. Vou ver o que arranjo.

Voltou meia hora depois:

– Não vou poder jogar. Os patos, me disse a Mirela, não estão dando leite faz uma semana.

Riram e mandaram ele sentar e jogar. Em certo momento, um jogador se irritou, porque o adversário, apesar de ingênuo e inocente, tinha muita sorte.

– Vou parar. Você está jogando com cartas marcadas.

– Claro que tem marca! É Copag, a melhor fábrica de baralhos. Boa marca, não conheço outra.

– Está se fazendo de bobo, mas aí tem dente de coelho.

– Juro que não! Por que haveria de ter dente de coelho? Quem tirou o dente do coelho?

– Além do mais, você mente com quantos dentes tem na boca. A gente precisa ficar de orelha em pé.

– Não estou fazendo nada. Estou na minha, com meu joguinho, vocês é que implicam.

– Desculpa de mau pagador.

– Não devo nada a ninguém aqui.

– Deve os olhos da cara.

– Devo? Não comprei meus olhos. Nasceram comigo. Só se os meus pais compraram e não pagaram.

Todos provocaram, pagavam para ver.

– Não venha com conversa mole, pensa que dormimos de botina?

– Não penso nada. Aliás, nunca vi nenhum de vocês de botina.

– Melhor enrolar a língua, se não se enrosca todo.

– Não venha nos fazer a boca doce, que bem te conhecemos!

As conversas eram sempre assim. Pelo menos foram até os meus 20 anos, quando deixei a cidade. A essa altura, vocês podem estar pensando que ele era sonso, imbecilizado. Garanto que não. Tanto que, hoje, é um empresário bem-sucedido, fabrica lençóis, fronhas e edredons, é dono de uma marca conhecida, a Bem Querer & Bem-Estar. Não sei se um de vocês já comprou. Se não, recomendo. Claro, recomendo a quem não dorme de touca, quem não tem conversa mole para boi dormir, quem não dorme no ponto, quem não dorme na pontaria, para aqueles que não dormem sobre os louros. Enfim, para quem dorme com um olho aberto e o outro fechado.

Fonte: BRANDÃO, Ignácio de Loyola. O Estado de S.Paulo, 8 jul. 2005. Caderno 2, p. D14.

Conhecimento comunicacional

Diz respeito à:

- quantidade de informação necessária, numa situação comunicativa concreta, para que o parceiro seja capaz de reconstruir o objetivo da produção do texto;
- seleção da variante linguística adequada a cada situação de interação;
- adequação do gênero textual à situação comunicativa.

O trecho a seguir, extraído do livro *Harry Potter e o cálice de fogo*, apresenta, no tocante à reflexão da personagem sobre *o que* e *como escrever* para seus interlocutores, um excelente exemplo do que vem a ser o conhecimento comunicacional. Vamos ao texto:

Harry tornou a examinar o quarto desanimado, e seus olhos pousaram nos cartões de aniversário que seus dois melhores amigos tinham lhe mandado no fim de julho. Que será que diriam se lhes escrevesse para contar que a cicatriz estava doendo?

Na mesma hora a voz de Hermione Granger penetrou sua cabeça, aguda e cheia de pânico.

Sua cicatriz está doendo? Harry, isso é realmente sério... Escreve ao Prof. Dumbledore! Vou verificar no meu livro Aflições e males comuns na magia... Quem sabe tem alguma coisa lá sobre cicatrizes produzidas por feitiços...

É, este seria o conselho de Hermione: vai procurar o diretor de Hogwarts, e, enquanto isso, vai consultando um livro. Harry contemplou pela janela o céu azul, quase negro. Duvidava muito que um livro pudesse ajudá-lo. Que ele soubesse, era a única pessoa que tinha sobrevivido a um feitiço como o do Voldemort; portanto, era pouco provável que encontrasse os seus sintomas descritos em Aflições e males comuns na magia. Quanto a informar ao diretor, Harry não fazia a menor ideia de onde Dumbledore passava as férias de verão. Só por um momento divertiu-se em imaginar Dumbledore, com suas longas barbas prateadas, vestes compridas de bruxo e chapéu cônico, estirado em uma praia qualquer, passando filtro solar no longo nariz torto. Mas onde quer que Dumbledore estivesse, Harry tinha certeza de que Edwiges seria capaz de encontrá-lo; a coruja de Harry, até aquele dia, jamais deixara de entregar uma carta, mesmo sem endereço. Mas o que iria escrever?

> **Prezado Prof. Dumbledore. Desculpe-me o incômodo, mas minha cicatriz doeu hoje de manhã.**
>
> **Atenciosamente,**
> **Harry Potter.**
>
> *Mesmo em sua cabeça as palavras pareciam idiotas.*
>
> *Então ele tentou imaginar a reação do seu outro melhor amigo, Rony Weasley e, num instante, o rosto sardento, de nariz comprido, do amigo começou a flutuar diante de Harry, com uma expressão de atordoamento.*
>
> **Sua cicatriz doeu? Mas... mas Você-Sabe-Quem não pode estar por perto agora, pode? Quero dizer... você saberia, não saberia? Ele estaria tentando matar você outra vez, não é? Sei não, Harry, vai ver as cicatrizes produzidas por feitiços sempre doem um pouquinho... Vou perguntar ao meu pai...**
>
> *[...] O garoto massageou a cicatriz com os nós dos dedos. O que ele realmente queria (e se sentiu quase envergonhado de admitir para si mesmo) era alguém como um pai ou uma mãe: um bruxo adulto a quem pudesse pedir um conselho sem se sentir burro, alguém que gostasse dele, que tivesse tido experiência com artes das trevas...*
>
> *E então lhe ocorreu a solução. Era tão simples, tão óbvia, que ele nem podia acreditar que tivesse levado tanto tempo para lembrar — Sirius.*
>
> *Harry saltou da cama, saiu correndo e se sentou à escrivaninha; puxou um pergaminho para perto, molhou a pena de águia no tinteiro, escreveu* Caro Sirius, *e em seguida parou, pensando qual seria a melhor maneira de contar o seu problema, ainda admirado com o fato de não ter pensado nele logo de saída.*

Fonte: ROWLING, J.K. *Harry Potter e o cálice de fogo.* Rio de Janeiro: Rocco, 2001.

Já a mensagem que apresentaremos a seguir é marcada pela "inadequação" do uso da língua em relação aos papéis dos interlocutores, ao conteúdo, à variedade de língua, ao propósito comunicacional. É claro que essa "desconsideração" à situação comunicativa foi intencionalmente produzida para ilustrar, de modo extremado, uma das vantagens oferecidas aos assinantes da BOL. Vamos ler o texto?

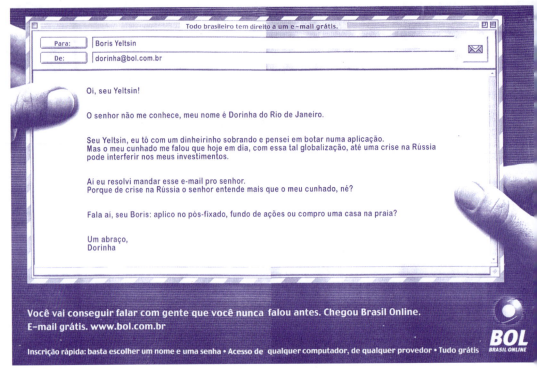

Fonte: *Folha de S.Paulo,* 25 out. 1999.

Conhecimento metacomunicativo

É aquele que permite ao locutor assegurar a compreensão do texto e conseguir a aceitação pelo parceiro dos objetivos com que é produzido. Para tanto, utiliza-se de vários tipos de ações linguísticas configuradas no texto por meio da introdução de sinais de articulação ou apoios textuais, atividades de formulação ou construção textual, como será destacado nos textos a seguir.

No **texto 1**, *Satrápolis*:
- a grafia do não com realce;
- as expressões que se constituem como comentários sobre o próprio discurso (em destaque no texto) são exemplificadoras do conhecimento metacomunicativo. Vejamos:

Texto 1

Satrápolis

Fotos Divulgação

Marjane Satrapi tinha tudo para NÃO ser quadrinista. Nasceu no Irã em 1969; cresceu em meio à ascensão do rigor religioso em seu país, que vetava qualquer tipo de influência cultural estrangeira — "comics"? você está de brincadeira?!—; e, se não bastasse, ainda por cima, era mulher. Não há um pingo de preconceito nessa frase, mas a simples constatação de que, sim, o mundo dos quadrinhos foi e continua sendo extremamente machista. Só que, adolescente, Marjane foi parar na França —assunto já discutido aqui—, talvez o único lugar do mundo onde os quadrinhos são considerados tudo de bom. Por homens e mulheres.

Quadro de "Persépolis 2", de Satrapi

O resultado é "Persépolis", mistura de diário de infância da autora com reflexões precoces sobre política e religião, o islamismo, no caso. Dividido em quatro volumes (o segundo acaba de sair aqui pela Companhia das Letras), muitas vezes soa leve e divertido, com uma série de informações curiosas sobre uma cultura diferente. Em outras, no entanto, o preto parece tomar conta da página e a leitura pode ser bem mais dolorida do que "uma simples história em quadrinhos" poderia proporcionar. Bem-vindo a Satrápolis.

Fonte: DIAS, Diego. *Folha de S.Paulo*, Folhateen, 18 abr. 2005.

No **texto 2**, a palavra sublinhada no primeiro quadrinho – tão – e a palavra em negrito no último quadrinho – tira! – também são representativas do conhecimento metacomunicativo. Trata-se de um realce ao próprio discurso, para chamar a atenção do leitor. Vejamos:

Texto 2

Fonte: *Folha de S.Paulo,* 15 ago. 2005.

Conhecimento superestrutural ou conhecimento sobre gêneros textuais

Permite a identificação de textos como exemplares adequados aos diversos eventos da vida social. Envolve também conhecimentos sobre as macrocategorias ou unidades globais que distinguem vários tipos de textos, bem como sobre a ordenação ou sequenciação textual em conexão com os objetivos pretendidos.

A título de exemplo, vejamos os textos:

Texto 1

Virgem (23 ago. a 22 set.)
Um parceiro turrão azeda seu humor? Ao criticá-lo cuide de deixar portas abertas por onde ele possa escapar, sem provocar ferimentos graves no seu espaço de manobra. Um sócio lento atrapalha seus planos de negócios? Seja discreto; hoje não é dia em que você conquistará pela finura e observação.

Fonte: *Folha de S.Paulo,* 16 abr. 2004.

Texto 2

FÁBULAS DE ESOPO

Esopo viveu no século 6 a. C. Sabe-se que foi escravo, libertado pelo último dono, Xanto. Mestre da prosopopéia, figura de linguagem pela qual animais ou coisas falam. Suas fábulas têm inspirado incontáveis criadores através dos séculos, encerram sabedorias eternas e nos fazem refletir sobre a natureza humana.

A cabra e o asno

Viviam no mesmo quintal. A cabra ficou com ciúme, porque o asno recebia mais comida. Fingindo estar preocupada, disse:
– Que vida a sua! Quando não está no moinho, está carregando fardo. Quer um conselho? Finja um mal-estar e caia num buraco.
O asno concordou, mas, ao se jogar no buraco, quebrou uma porção de ossos. O dono procurou socorro.
– Se lhe der um bom chá de pulmão de cabra, logo estará bom – disse o veterinário.
A cabra foi sacrificada e o asno ficou curado.

Quem conspira contra os outros termina fazendo mal a si próprio.

Fonte: *Almanaque Brasil de cultura popular,* ano 5, n. 55, out. 2003, p. 29.

Reconhecemos, no **texto 1**, o gênero textual **horóscopo**. Trata-se de um gênero veiculado em jornais, revistas ou rádio, com o propósito de "aconselhar" as pessoas sobre amor, dinheiro, trabalho. Como tal, faz uso: de registro informal marcado pelo endereçamento aos interlocutores, nativos dos signos; do pronome de tratamento *você*; de orações interrogativas e verbos no imperativo. Além disso, em sua organização textual, há a explicitação do signo e do período correspondente para orientação do leitor quanto à sua categorização segundo o zodíaco.

Quanto ao **texto 2**, sabemos tratar-se de uma **fábula**. Nosso conhecimento de gêneros textuais nos diz que o texto não é, por exemplo, uma crônica ou conto, mas, sim, uma fábula, ainda que não contivesse de forma explicitada essa categorização.

Como vemos, a compreensão depende de vários tipos de conhecimentos.

> Os conjuntos de conhecimentos, socioculturalmente determinados e vivencialmente adquiridos, sobre como agir em situações particulares e realizar atividades específicas vêm a constituir o que chamamos de "**frames**", "**modelos episódicos**" ou "**modelos de situação**".

Esses modelos são, inicialmente, particulares, por resultarem de experiências do dia a dia, e determinados espácio-temporalmente, mas generalizam-se após várias experiências do mesmo tipo, acabando por tornarem-se comuns aos membros de uma cultura ou de determinado grupo social.

Os modelos são constitutivos do **contexto**, no sentido em que hoje é entendido no interior da Linguística Textual, conforme veremos no capítulo a seguir.

3
Texto e contexto

(Con)Texto, leitura e sentido

Nos capítulos anteriores, enfatizamos que a leitura é uma atividade altamente complexa de produção de sentidos que se realiza, evidentemente, com base nos elementos linguísticos presentes na superfície textual e na sua forma de organização, mas que requer a mobilização de um vasto conjunto de saberes.

Subjacente a essa concepção de leitura, encontra-se o pressuposto segundo o qual o sentido de um texto não existe *a priori*, mas é construído na interação sujeitos-texto. Assim sendo, na e para a produção de sentido, necessário se faz levar em conta o **contexto**. O que significa, em termos práticos, considerar o contexto no processo de leitura e produção de sentido? Para responder à pergunta, vejamos o texto a seguir. Na leitura e produção de sentido do texto, é solicitado que o leitor considere:

- a materialidade linguística constitutiva do texto e o efeito de humor que produz, causado pelo jogo com as palavras parênteses – explicitada no enunciado do primeiro balão – e parentes – implicitada no enunciado do segundo balão;

- o gênero textual charge e sua funcionalidade;
- a tematização proposta no título (Projeto Antinepotismo) circunscrita à realidade brasileira;
- a data de publicação;
- o meio de veiculação.

Fonte: *Folha de S.Paulo*, 23 abr. 2005.

> Todos esses conhecimentos constituem diferentes tipos de contextos subsumidos por um contexto mais abrangente, **o contexto sociocognitivo**, do qual trataremos mais adiante.

Assim sendo, que significados devem se tornar explícitos depende, em larga escala, do uso que o produtor do texto fizer dos fatores contextuais. Dessa forma, a tão propalada explicitude do texto escrito em contraposição à implicitude do texto falado não passa de um mito. Tanto na fala como na escrita, os produtores fazem uso de uma multiplicidade de recursos, muito além das simples palavras que compõem as estruturas. Foi o que percebemos no texto anterior, é o que perceberemos no miniconto a seguir:

Menino cheio de coisa

Vejam só: aos nove anos e três meses de idade, Serginho está deitado embaixo das cobertas com uma calça de veludo de duzentos e vinte reais, camiseta de quarenta e cinco, tênis que pisca quando encosta no solo, óculos de sol com lentes amarelas, taco de beisebol, jaqueta de náilon lilás, boné da Nike, bola de futebol de campo tamanho oficial, dois times de futebol de botão, CD dos Tribalistas, joystick, Gameboy, uma caixa de bombom de cereja ao licor, dois sacos de jujuba, um quebra-cabeça de mil e quinhentas peças, um modelo

> *em escala do "F" cento e dezessete (desmontado), chocolate pra uma semana, três pacotes de batatinha frita (novidade, com orégano), dois litros de refrigerante com copo de canudinho combinando, quatro segmentos retos e quatro curvos de pista de autorama, dois trenzinhos (um de pilha e um de corda), controle remoto, duas raquetes de pingue-pongue, duas canecas do Mickey e nem adianta seu pai, do outro lado da porta trancada pelo menino emburrado, dizer que sua mãe já volta.*

Fonte: BONASSI, Fernando. *Folha de S.Paulo,* 12 mar. 2005. Folhinha.

Na leitura do texto, o **contexto linguístico – o cotexto** – orienta-nos na construção da imagem do menino, segundo sugestão expressa no próprio título *Menino cheio de coisa.*

Entretanto, além do linguístico, a leitura do texto demandará a (re) ativação de outros conhecimentos armazenados na memória. São esses conhecimentos que nos possibilitarão, por exemplo, situar o protagonista da história nos tempos atuais e desvelar, na "inocente historinha", uma crítica ao modo como as crianças de hoje são educadas – alimentadas pelo consumismo, incapazes de aceitarem uma negação.

Como vemos, a produção de sentido realiza-se à medida que o leitor considera aspectos contextuais que dizem respeito ao conhecimento da língua, do mundo, da situação comunicativa, enfim.

Voltemos a atenção um pouco mais para a noção de contexto.

Concepção de contexto

Um dos conceitos centrais nos estudos em Linguística Textual é o de contexto.

Quando adotamos, para entender o texto, a metáfora do *iceberg,* que tem uma pequena superfície à flor da água (o explícito) e uma imensa superfície subjacente, que fundamenta a interpretação (o implícito), podemos chamar de contexto o *iceberg* como um todo, ou seja, tudo aquilo que, de alguma forma, contribui para ou determina a construção do sentido.

Na fase inicial das pesquisas sobre o texto, que se tem denominado fase da *análise transfrástica,* o **contexto** era visto **apenas** como o **entorno verbal**, ou seja, o c*otexto*. O texto era conceituado como uma sequência ou combinação de frases, cuja unidade e coerência seriam obtidas por meio da reiteração dos mesmos referentes ou do uso de elementos de relação entre seus vários segmentos.

Paralelamente, contudo, os **pragmaticistas** pregavam a necessidade de se considerar a situação comunicativa para a atribuição de sentido a elementos textuais como **os dêiticos** e **as expressões indiciais** de modo geral.

Denomina-se **análise transfrástica** aquela que não se restringe aos limites de uma só frase ou período, tal como era praxe fazer-se nas análises de tipo estrutural e/ou gerativo. Dessa forma, passou-se a estudar as relações sintático-semânticas entre dois ou mais enunciados, como, por exemplo: a pronominalização, a correferência, a seleção dos artigos (definido/indefinido), a concordância de tempos verbais, a articulação tema-rema entre enunciados sucessivos, os encadeamentos de enunciados por justaposição, ou seja, sem a presença de conectores, entre vários outros.

Pragmaticistas: linguistas que se dedicam a estudar a língua não como sistema autônomo, mas por meio de seu funcionamento em situações concretas de uso. Sob esta perspectiva, o texto passa a ser visto como o lugar de interação entre sujeitos sociais.

Dêiticos: são elementos da língua que têm por função localizar entidades no contexto espácio-temporal, social e discursivo, como, por exemplo: **pronomes de 1ª e 2ª pessoas** (eu, tu, você, vocês, nós, vós); **demonstrativos** (este, esse, aquele); **certos advérbios de tempo e lugar** (aqui, aí, ali, agora, ontem, amanhã) etc. Apontam para elementos exteriores ao texto e mudam de sentido conforme o contexto em que se encontram inseridos, isto é, não possuem um valor semântico em si mesmos, variando a cada nova enunciação.

Expressões indiciais: são expressões com valor dêitico, como, por exemplo: *mais acima, logo ali, lá adiante, atrás de,* entre muitas outras.

Com o advento da **Teoria dos Atos de Fala** e da **Teoria da Atividade Verbal** (cf. KOCH, 1992; 2004), a Pragmática voltou-se para o estudo e a descrição dos atos de fala, isto é, para as ações que os usuários da língua, em situações de interlocução, realizam por meio da linguagem, visto que esta passou a ser considerada uma atividade intencional e social, visando a determinados fins.

Todavia, a simples incorporação dos interlocutores ao estudo dos enunciados ainda não era suficiente: os sujeitos se movem no interior de um tabuleiro social, que tem suas convenções, suas normas de conduta e que lhes impõe condições, estabelece deveres e lhes limita a liberdade. Além disso, toda e qualquer manifestação de linguagem ocorre no interior de determinada cultura, cujas tradições, cujos usos e costumes, cujas rotinas devem ser obedecidas e perpetuadas.

Foi então que, aos poucos, outro tipo de contexto passou a ser levado em conta: o ***contexto sociocognitivo***. Para que duas ou mais pessoas possam compreender-se mutuamente, é preciso que seus contextos sociocognitivos sejam, pelo menos, parcialmente semelhantes.

> **Teoria dos Atos de Fala**: nasceu no interior da Filosofia Analítica de Oxford, depois foi apropriada pela Linguística de cunho pragmático. Teve como pioneiro o filósofo inglês John Austin, seguido por Searle, Strawson e outros. Esses estudiosos postularam que a língua é uma forma de ação dotada de intencionalidade, ou seja, que "todo dizer é um fazer", e se dedicaram ao estudo dos tipos de ações que podem ser realizadas através da linguagem, isto é, os *atos de fala, atos de linguagem ou atos de discurso*.

> **Teoria da Atividade Verbal**: desenvolveu-se, principalmente, em países da antiga URSS, inclusive a (ex) Alemanha Oriental, com base nas ideias de psicólogos e psicolinguistas soviéticos como Leontev, Luria e Vigotsky. Parte do princípio de que a linguagem é uma atividade social realizada com vista à realização de determinados fins, e de que o texto é o componente verbalmente enunciado de um ato de comunicação pertinente a um "jogo de atuação comunicativa".

Em outras palavras, seus conhecimentos (enciclopédico, sociointeracional, procedural, textual etc.) devem ser, ao menos em parte, compartilhados, uma vez que é impossível duas pessoas partilharem exatamente os mesmos conhecimentos.

Ao entrar em uma interação, cada um dos parceiros já traz consigo sua bagagem cognitiva, ou seja, já é, por si mesmo, um contexto. A cada momento da interação, esse contexto é alterado, ampliado, e os parceiros se veem obrigados a ajustar-se aos novos contextos que se vão originando sucessivamente.

A título de exemplificação do que acabamos de dizer, consideremos o texto a seguir:

Conversa de mãe e filha

– Manhê, eu vou me casar.

– Ah? O que foi? Agora não, Anabela. Não está vendo que eu estou no telefone?

– Por favor, por favooooor, me faz um lindo vestido de noiva, urgente?

– Pois é, Carol. A Tati disse que comprava e no final mudou de ideia. Foi tudo culpa da...

– Mãe, presta atenção! O noivo já foi escolhido e a mãe dele já está fazendo a roupa. Com gravata e tudo!

– Só um minutinho, Carol. Vestido de... casar?! O que é isso, menina, você só tem dez anos? Alô, Carol?

– Me ouve, mãe! Os meus amigos também já foram convidados! E todos já confirmaram presença.

– Carol, tenho que desligar. Você está louca, Anabela? Vou já telefonar para o seu pai.

– Boa! Diz para ele que depois vai ter a maior festança. Ele precisa providenciar pipoca, bolo de aipim, pé de moleque, canjica, curau, milho na brasa, guaraná, quentão e, se puder, churrasco no espeto e cuscuz. E diz para ele não esquecer: quero fogueira e muito rojão pra soltar na hora do: "Sim, eu aceito". Mãe? Mãe? Manhêêê!!! Caiu pra trás! Vinte minutos depois.

– Acorda, mãe...

Desculpa, eu me enganei, a escola vai providenciar os comes e bebes. O papai não vai ter que pagar nada, mãe, acoooooorda. Ô vida! Que noiva sofre eu já sabia. Mas até noiva de quadrilha?!

Fonte: BRAS, Tereza Yamashita; BRAS, Luiz. *Folha de S.Paulo*, 21 maio 2005. Folhinha, p. F 8.

A leitura do texto serve bem para ilustrar a ideia de que, ao entrar em uma interação, cada um dos parceiros traz consigo sua bagagem cognitiva, ou seja, já é, por si mesmo, um contexto.

No texto, o diálogo entre mãe e filha nos indica que a mãe contextualizou a fala da filha, tendo por base um modelo construído socialmente sobre casamento. Por sua vez, a filha havia contextualizado sua fala segundo um modelo construído socialmente sobre festa junina, cujos "ingredientes" são comidas e bebidas típicas, além de danças, em especial, a quadrilha.

Nós, leitores, inicialmente, construímos sentido para o texto baseados no contexto pressuposto pela mãe e só começamos a "desconfiar" da decisão a partir da descrição feita pela filha do que deve compor a festa (pipoca, bolo de aipim, pé de moleque, canjica, curau, milho na brasa, guaraná, quentão, churrasco no espeto, cuscuz, fogueira e muito rojão pra soltar na hora do: "Sim, eu aceito"), visto que o nosso conhecimento de mundo nos diz que esses componentes são comuns a uma festa junina e não a um enlace matrimonial tradicional.

Desse modo, iniciamos a leitura situando-nos em um contexto – o sugerido pelo dizer da personagem-mãe. A partir das pistas do texto, reconsideramos a nossa posição e passamos a nos situar em um outro contexto, dessa vez, o sugerido pelo dizer da personagem-filha, e a esse aderimos, em um movimento que destaca a participação ativa do leitor na construção do sentido, para o qual concorrem os conhecimentos do leitor.

Do exemplo para os acontecimentos do nosso dia a dia, podemos afirmar que, em uma situação de comunicação, os interlocutores situam o seu dizer em um determinado contexto – que é constituinte e constitutivo do próprio dizer – e vão alterando, ajustando ou conservando esse contexto no curso da interação, visando à compreensão.

O contexto, portanto, é indispensável para a compreensão e, desse modo, para a construção da **coerência textual** (tópico em destaque no **capítulo 9**). Da forma como é aqui entendido, o **contexto** engloba não só o **cotexto**, como também a **situação de interação imediata**, a **situação mediata** (entorno sociopolítico-cultural) e o **contexto cognitivo dos interlocutores**.

Este último, na verdade, subsume os demais. Ele reúne todos os tipos de conhecimentos arquivados na memória dos atores sociais, que necessitam ser mobilizados por ocasião do intercâmbio verbal:

- o conhecimento linguístico propriamente dito;
- o conhecimento enciclopédico, quer declarativo (conhecimento que recebemos pronto, que é introjetado em nossa memória "por ouvir

falar"), quer episódico (*"frames"*, *"scripts"*) (conhecimento adquirido através da convivência social e armazenado em "bloco", sobre as diversas situações e eventos da vida cotidiana (cf. Koch, 1997);

- o conhecimento da situação comunicativa e de suas "regras" (situacionalidade);

- o conhecimento superestrutural ou tipológico (gêneros e tipos textuais);

- o conhecimento estilístico (registros, variedades de língua e sua adequação às situações comunicativas);

- o conhecimento de outros textos que permeiam nossa cultura (intertextualidade).

Nessa acepção, vê-se, pois, o contexto como constitutivo da própria ocorrência linguística. É, nesse sentido, que se pode dizer que certos enunciados são gramaticalmente ambíguos, mas o discurso se encarrega de fornecer condições para sua interpretação unívoca. **O contexto** é, portanto, um **conjunto de suposições**, baseadas nos saberes dos interlocutores, mobilizadas para a interpretação de um texto.

Assumir esse pressuposto implica dizer que as relações entre informação explícita e conhecimentos pressupostos como partilhados podem ser estabelecidas, como foi visto nos capítulos anteriores, por meio de estratégias de "sinalização textual", por intermédio das quais o locutor, por ocasião do processamento textual, procura levar o interlocutor a recorrer ao contexto sociocognitivo.

Apresentamos a seguir um exemplo bem ilustrativo do que acabamos de afirmar. Nele, as informações explícitas servem de "sinalização" para o preenchimento de lacunas – propositalmente sugeridas – com base em conhecimentos partilhados entre autor-leitor. O texto é a confirmação de que a consideração ao contexto linguístico ou cotexto, ao contexto da situação mediata e imediata e ao contexto sociocognitivo faz com que nós, leitores, rapidamente, explicitemos as informações apenas sugeridas, respectivamente: *relógio, uísque, cabo de guarda-chuva, chuveiro, roupas, brincos, aparelho* (repetida), *celular.*

Fonte: Revista *Veja*. São Paulo: Abril, ed. 1924, ano 38, n. 89, 28 set. 2005, p. 71.

Assim sendo, um estudo de texto sem a consideração do contexto é altamente insuficiente, por diversas razões:

- **Certos enunciados são ambíguos, mas o contexto permite fazer uma interpretação unívoca. Observem-se os pares de enunciados abaixo:**

> *Ao chegar à cidade, a jovem dirigiu-se a um banco: precisava munir-se de algum dinheiro para fazer compras.*

> *Ao chegar à cidade, a jovem dirigiu-se a um banco: precisava descansar um pouco, antes de enfrentar a dura jornada que teria pela frente.*

> *O policial viu o ônibus acelerando em sua direção. Ele levantou a mão e parou-o.*

> *O goleiro viu a bola indo em direção à rede. Ele levantou a mão e parou-a.*

Verificamos que se trata, em cada caso, de contextos diferentes, que permitem desambiguizar os enunciados: no terceiro exemplo, levantar a mão implica um ato de ordem do policial ao motorista do ônibus, que, em função disso, fez o veículo parar. No quarto exemplo, levantar a mão é um movimento do goleiro, com o qual ele impede que a bola penetre na rede.

- **O contexto permite preencher as lacunas do texto, isto é, estabelecer os "elos faltantes", por meio de "inferências-ponte", como se pode ver em:**

> *O empregado alimentou os pássaros. Os grãos de alpiste foram logo devorados.*

No exemplo acima, o que nos permite introduzir a forma nominal os grãos de alpiste pelo artigo definido (normalmente utilizado para retomar informação já dada no texto) é o fato de o verbo alimentar ter como significado "dar a alguém algo para comer", ou seja, no caso, em se tratando de pássaros, os grãos de alpiste. "Alimentar" fornece, portanto, o contexto para interpretar os grãos de alpiste.

O mesmo pode-se verificar em:

> O navio aproximava-se do porto. Os marinheiros preparavam-se para lançar as âncoras.

Aqui, navio permite ao interlocutor acionar o *frame* de que fazem parte marinheiros e âncoras. Não é preciso mencionar explicitamente que é dos marinheiros e das âncoras daquele navio de que se está falando.

- **Os fatores contextuais podem alterar o que se diz:**

Uma expressão linguística pode ter seu significado alterado em função de fatores contextuais, como, por exemplo, na língua falada, gestos, movimentos de corpo, expressões fisionômicas, entonação, entre outros. Se o namorado diz carinhosamente à sua amada "*Que narizinho mais feio!*", seu enunciado será, com certeza, interpretado como um elogio, um carinho; se alguém, num momento de fúria, exclama: "*Que bela surpresa você me aprontou*", é claro que isso não será entendido como uma expressão de alegria.

Mais um exemplo de que o contexto pode alterar o sentido apresentamos a seguir:

Fonte: *O Estado de S.Paulo,* 28 jul. 2005.

Na leitura do texto, ao levarmos em conta o contexto – o que foi dito, o que o desenho representa, o modelo socialmente construído nos dias atuais sobre o que é "estar em forma", o conhecimento sobre o gênero textual tirinha –, sabemos logo tratar-se de uma ironia.

O enunciado O professor disse que estou tão em forma quanto um homem com metade da minha idade, que beba duas vezes mais cerveja que eu, constituído como citação indireta por um sujeito para um outro sujeito, no contexto da academia (vejamos o nome "academia" à esquerda e o desenho de uma piscina à direita) exige do leitor que lhe calcule o sentido: o sujeito A é alguém com mais idade e que bebe cerveja; o sujeito B é alguém que, em relação ao sujeito A, é mais jovem e bebe cerveja em dobro. Se, quanto ao estar em forma, o sujeito A = sujeito B, então, AMBOS estão fora de forma. Verifica-se, assim, na "sutileza", a ironia do dizer.

- **Tais fatores se incluem entre aqueles que explicam ou justificam por que se disse isso e não aquilo (o contexto justifica).**
Sob essa perspectiva, falar de discurso implica considerar fatores externos à língua, alguma coisa do seu exterior, para entender o que nela é dito, que por si só seria insuficiente.

Sabemos que a prática social e a situação comunicativa determinam o(s) gênero(s) de que se vão utilizar os parceiros e, em decorrência, a variedade de língua a ser empregada, as formas de tratamento, os temas etc., como podemos observar nos textos que seguem:

Texto 1

Como entender o texto abaixo? O contexto explica...
Vejamos:

Fonte: *O Estado de S. Paulo*, 26 mar. 2005.

A leitura do primeiro balão situa-nos em relação ao contexto: uma criança faz uma ligação telefônica para um chefe de polícia. Por sua vez, a leitura do segundo balão nos causa estranheza, porque, no contexto constituído, o tema é inadequado: ninguém em sã consciência liga para um chefe de polícia para perguntar-lhe sobre a combinação meia–roupa. Por fim, no terceiro balão, o enunciado, em tom destacado, faz-nos pressupor que o chamado do garoto (Calvin), para que a sua mãe venha ouvir a resposta dada pelo chefe de polícia, só pode estar atrelado à realização de seu intento: questionar a ordem da mãe, não obedecer a essa ordem.

E tudo isso faz sentido se considerarmos conhecimentos dos papéis sociais (no caso específico, de mãe, filho, chefe de polícia), das solicitações prováveis (determinadas pelos papéis sociais) que surgem na interação (mãe e filho, chefe de polícia e cidadão comum), do gênero tirinha e seu efeito de humor, causado justamente pela ruptura em relação ao esperado, aos modelos socialmente construídos.

Texto 2

Prestemos atenção ao texto ao lado e respondamos: por que a garota carrega um cartaz com mensagem em inglês (e não em língua portuguesa), se se trata de um evento no Brasil realizado por brasileiros?

Fonte: *Folha de S.Paulo*, 16 abr. 2005.

GLOBALIZADOS Menina exibe cartaz, em inglês, com os dizeres "Fui vítima da violência! Quem será o próximo? Você? Esperamos que não"; sem-terra e favelados protestaram no Rio para sensibilizar "a opinião pública internacional" Pág. A4

Em relação ao texto, se levarmos em conta que o protesto ocorreu no Brasil, mas o alvo principal era a opinião pública internacional e que o inglês é uma língua falada mundialmente, então, deparamo-nos com um clássico exemplo de que o **contexto justifica**.

Se, por um lado, recorremos ao contexto para justificar o que deve ser dito e como fazê-lo, por outro lado, também recorremos a ele para justificar o que não deve ser dito. É isso que faz o autor do texto a seguir, ao avaliar o seu dizer, no contexto em que foi produzido, como "politicamente incorreto". Vejamos:

Anedota incorreta

Rio de Janeiro - *Politicamente incorreto, farei três coisas condenáveis pelos manuais de redações vigentes no país. Primeiro, contarei uma anedota que não é original e, mesmo que estivesse em primeira audição, neste nobre espaço não devia ser contada. Além disso, ridicularizarei um cidadão de outra nacionalidade, ainda por cima um cidadão lusitano, nosso irmão de sangue e língua.*

Para coroar a sucessão e a gradação do crime, faltarei ao respeito para com um doente de moléstia grave. As pessoas de bom coração, bom gosto e boa formação cívica que passem adiante se acaso chegaram até aqui.

Deu-se que um português foi preso e trancafiado numa cela defronte a outra onde um leproso cumpria pena. Um dia, o português viu o leproso tirar um dedo do pé esquerdo e jogá-lo pela janelinha da cela para fora.

Uma semana depois, para espanto do português, o leproso tirou a orelha direita e jogou-a fora. Passaram-se dois dias, o doente tira o pé esquerdo e também o joga pela janelinha. Para horror do português, numa tarde de sábado, o leproso tira o nariz da cara e também o atira para fora da cela.

Era demais. Na manhã seguinte, quando os guardas faziam a ronda, o português pede que o levem ao diretor do presídio. Tinha uma denúncia importantíssima a fazer, exigia uma conversa com o responsável pela segurança da prisão. O guarda chamou um oficial, o oficial quis saber o que era, mas o português fincou o pé: era coisa tão relevante que somente poderia ser comunicada à autoridade máxima do local.

Levado ao diretor, o português olhou em volta, examinando o local para ver se havia alguma outra pessoa que pudesse ouvir o que tinha a dizer.

> *Tranquilizado a esse respeito, abaixou o mais que pôde a voz: "Doutor, não quero ser dedo-duro, mas o gajo que botaram na cela em frente à minha está a fugir aos pouquinhos".*

Fonte: CONY, Carlos Heitor. *Folha de S.Paulo,* 12 mar. 2005.

Portanto, é impossível fazer abstração do contexto, das condições de produção, da situação de enunciação (quem fala, com quem, quando, onde, em que condições, com que propósito etc.). Trata-se de um conjunto de fatores que determinam necessariamente a produção de linguagem e que variam a cada nova enunciação.

Contextualização na escrita

É preciso fazer distinção entre **contexto de produção** e **contexto de uso**. No caso da interação face a face, eles coincidem, mas, no caso da escrita, não. Nesta, o mais importante para a interpretação é o contexto de uso.

O sentido de um texto, qualquer que seja a situação comunicativa, não depende, como já foi dito, apenas da estrutura textual em si mesma (daí a metáfora do texto como um *iceberg*). Os objetos de discurso a que o texto faz referência são apresentados em grande parte de forma incompleta, permanecendo muita coisa implícita.

O produtor do texto pressupõe da parte do leitor/ouvinte conhecimentos textuais, situacionais e enciclopédicos e, orientando-se pelo *Princípio da Economia*, não explicita as informações consideradas redundantes ou desnecessárias. Ou seja, visto que não existem textos totalmente explícitos, o produtor de um texto necessita proceder ao "**balanceamento**" do que necessita ser explicitado textualmente e do que pode permanecer implícito, supondo que o interlocutor poderá recuperar essa informação por meio de inferências.

Vejamos – como exemplo desse equilibrado "balanceamento" – o texto a seguir que pressupõe, da parte do leitor, a produção de inferências, para obtenção do efeito de humor pretendido.

> *A secretária da escola atende o telefone.*
> *– Alô.*
> *– Meu filho está muito gripado e não vai poder ir à escola hoje.*
> *– Quem está falando?*
> *– Quem tá falando é o meu pai.*

É este o grande segredo do locutor competente. Caso contrário, podem ocorrer mal-entendidos devidos, em grande parte, a pressuposições errôneas sobre o domínio de certos conhecimentos por parte do(s) interlocutor(es).

O leitor/ouvinte, por sua vez, espera sempre um texto dotado de sentido e procura, a partir da informação contextualmente dada, construir uma representação coerente, por meio da ativação de seu conhecimento de mundo e/ou de deduções que o levam a estabelecer relações de temporalidade, causalidade, oposição etc. É o que nos acontece na leitura do texto a seguir:

Fonte: *Folha de S.Paulo*, 30 abr. 2005. Folhinha.

Levado pelo *Princípio da Continuidade de Sentido* (Hörmann, 1976), o leitor põe em funcionamento todos os componentes e estratégias cognitivas que tem à disposição para dar ao texto uma interpretação dotada de sentido. Esse princípio se manifesta como uma atitude de expectativa do interlocutor de que uma sequência que lhe é apresentada pelo parceiro deva ser dotada de sentido.

É por isso que, como dissemos anteriormente, para que duas ou mais pessoas possam compreender-se mutuamente, faz-se preciso que seus contextos sociocognitivos sejam, pelo menos, parcialmente semelhantes. É isso também que permite afirmar que o contexto sociocognitivo engloba todos os demais tipos de contexto.

Podemos, assim, entender a definição de contexto proposta por Van Dijk (1997): o conjunto de todas as propriedades da situação social que são sistematicamente relevantes para a produção, compreensão ou funcionamento do discurso e de suas estruturas.

No conjunto dos conhecimentos constitutivos do contexto, destaca-se o conhecimento de outros textos. A noção de **intertextualidade** será, portanto, tópico do próximo capítulo.

4
Texto e intertextualidade

Concepção de intertextualidade

A **intertextualidade** é um dos grandes temas a que se tem dedicado a Linguística Textual. Por essa razão, há diversos estudos e pesquisas voltados ao tratamento do assunto.

Particularmente, neste capítulo, trataremos da noção de intertextualidade com base em estudos realizados por Koch (1991, 1994, 1997a, 1997b, 2004).

Para começar, o que é intertextualidade?

Essa questão exige de nossa parte que levemos em conta duas outras perguntas:

- **Quantas vezes, no processo de escrita, constituímos um texto recorrendo a outro(s) texto(s)?**

Um bom exemplo disso é o texto a seguir. Vamos ver?

E Agora, José?

A festa acabou? Já não há mais PT? Não, José, de tudo isso fica uma grande lição: não é a direita que inviabiliza a esquerda. Esta tem sido vítima de sua própria incoerência, inclusive quando se elege por um programa de mudanças e adota uma política econômica de ajuste fiscal que trava o desenvolvimento, restringindo investimentos públicos e privados.

A esquerda deu um tiro no pé na União Soviética, esfacelada sem que a Casa Branca lhe atirasse um único míssil. Faliu por conta da nomenklatura, das mordomias abusivas das autoridades, da arrogância do partido único, da corrupção. Assim foi na Nicarágua, onde líderes sandinistas se locupletaram com imóveis expropriados pela revolução e enriqueceram como por milagre.

Agora, José, é a nossa confiança no PT que se vê abalada. O que há de verdade e de mentira em tudo isso? Por que o partido não abre sua contabilidade na internet? Se houve mesmo "mensalões" e malas de dinheiro, como ficam os pobres militantes e simpatizantes que, em todas as campanhas eleitorais, contribuíram, com sacrifício, do próprio bolso? Findas as investigações, o PT precisará vir a público e, de cabeça erguida, demonstrar que tudo não passou de "denuncismo", de "golpismo", de armação (ia escrever "dos inimigos") dos aliados... ou, de cabeça baixa, em atitude humilde, reconhecer que houve, sim, malversação, improbidade, tráfico de influência e corrupção. O mais grave, José, é o desencanto que toda essa "tsulama" provoca na opinião pública, sobretudo na dos mais jovens.

Quando admitimos que "todos os partidos são farinha do mesmo saco", fazemos o jogo dos corruptos, pois quem tem nojo de política é governado por quem não tem. Se todos se enojarem, será o fim da democracia e da esperança de que, no futuro, venha a predominar a política regida por fortes parâmetros éticos. Portanto o desafio, hoje, não é só promover reformas estruturais no país. É reformar a própria política, de modo a vedar os buracos pelos quais a corrupção e o nepotismo se infiltram.

Temo que por muitas cabeças passe a ideia de, nas próximas eleições, em 2006, anular o voto ou votar em branco. Seria um desastre. O voto é uma arma pacífica. Deve ser usado com acuidade e sabedoria.

Em todo esse processo é preciso destacar os políticos que primam pela ética, pela coerência de princípios e pela visão de um novo Brasil, sem alarmantes desigualdades sociais. Antonio Callado, em sua última entrevista, a esta Folha, disse que perdera "todas as batalhas".

Também experimentei, José, muitas perdas: a morte do Che, a derrota da guerrilha urbana contra a ditadura militar, a queda do Muro de Berlim e, agora, essa fratura no corpo do partido que ajudei a construir como simpatizante e que se gabava de primar pela ética na política. No entanto quantas vitórias! Sobre a França e os EUA no Vietnã; sobre os EUA e a ditadura de Batista em Cuba; a de Martin Luther King contra o racismo americano; a de Nelson Mandela contra o apartheid na África do Sul.

> *No Brasil, a extensa rede de movimentos populares, as CEBs, a CUT, o MST, a CPT, a CMP, a CMS; os movimentos de direitos humanos, mulheres, negros, indígenas; as ONGs, as empresas cônscias da responsabilidade social. E, sobretudo, a eleição de Lula à Presidência da República.*
>
> *Não se pode jogar no lixo da história todo esse patrimônio social e político. Sem confundir pessoas com instituições, maracutaias com projetos estratégicos, é hora de começar de novo, renovar a esperança e, sobretudo, não permitir que tudo fique como dantes.*
>
> *Aprendamos com Gandhi a fazer hoje, a partir de nossas práticas pessoais e sociais, o mundo novo que sonhamos legar às gerações futuras. Deixemos ressoar no coração as palavras de Mario Quintana: "Se as coisas são inatingíveis... ora!/ Não é motivo para não querê-las.../ Que tristes os caminhos, se não fora/ A mágica presença das estrelas!".*

Fonte: CHRISTO, Carlos Alberto Libânio, o Frei Betto, *Folha de S.Paulo,* 25 jul. 2005.

No texto, podemos facilmente perceber a intertextualidade, quando o autor recorre a outros textos, com explicitação da fonte. Vejamos:

> *Antonio Callado, em sua última entrevista, a esta Folha, disse que perdera "todas as batalhas".*

> *Deixemos ressoar no coração as palavras de Mario Quintana: "Se as coisas são inatingíveis... ora!/ Não é motivo para não querê-las.../ Que tristes os caminhos, se não fora/ A mágica presença das estrelas!".*

Entretanto, nem sempre a intertextualidade se constitui de forma desvelada. No caso do nosso exemplo, além dos textos cujas fontes foram reveladas, a produção escrita tem como origem um outro texto sem a fonte explicitada, porque o autor pressupõe ser do conhecimento do leitor. O próprio título – E agora, José? – é para nós uma grande pista. Quem não conhece o texto de Drummond com esse título? Vamos recordar a poesia do autor e depois verificar na produção do Frei Betto o fenômeno da intertextualidade.

E Agora, José?
Carlos Drummond de Andrade

E agora, José?
A festa acabou,
a luz apagou,
o povo sumiu,
a noite esfriou,
e agora, José?
e agora, você?
você que é sem nome,
que zomba dos outros,
você que faz versos,
que ama, protesta?
e agora, José?

Está sem mulher,
está sem discurso,
está sem carinho,
já não pode beber,
já não pode fumar,
cuspir já não pode,
a noite esfriou,
o dia não veio,
o bonde não veio,

o riso não veio,
não veio a utopia
e tudo acabou
e tudo fugiu
e tudo mofou,
E agora, José?

Sua doce palavra,
seu instante de febre,
sua gula e jejum,
sua biblioteca,
sua lavra de ouro,
seu terno de vidro,
sua incoerência,
seu ódio – e agora?
Com a chave na mão
quer abrir a porta,
não existe porta;
quer morrer no mar,
mas o mar secou;
quer ir para Minas,
Minas não há mais.

José, e agora?
Se você gritasse,
se você gemesse,
se você tocasse
a valsa vienense,
se você dormisse,
se você cansasse,
se você morresse...
Mas você não morre,
você é duro, José!

Sozinho no escuro
qual bicho do mato,
sem teogonia,
sem parede nua
para se encostar,
sem cavalo preto
que fuja a galope,
você marcha, José!
José, para onde?

É claro que, em sua produção, foi possível a Frei Betto recorrer a outros textos, se considerarmos que todo dizer remete sempre a outro(s) dizer(es) ou, como afirma BAKHTIN (1992:291), que "cada enunciado é um elo da cadeia muito complexa de outros enunciados".

Assim, identificar a presença de outro(s) texto(s) em uma produção escrita depende e muito do conhecimento do leitor, do seu repertório de leitura. Para o processo de compreensão e produção de sentido, esse conhecimento é de fundamental importância.

Também é importante destacar que a inserção de "velhos" enunciados em novos textos promoverá a constituição de novos sentidos. É verdade que a nova produção trará os ecos do(s) texto(s)-fonte e estes se farão ouvir mais – ou menos – dependendo dos conhecimentos do leitor. Contudo, o "deslocamento" de enunciados de um contexto para outro, indiscutivelmente, provocará alteração de sentidos.

Focalizando o nosso exemplo, o texto de Frei Betto remete à crise política brasileira desencadeada pelo envolvimento de parlamentares – muitos deles ligados ao governo – no escândalo do mensalão. Especificamente, o enunciado *E agora, José?* dirige-se a José Dirceu, homem forte do governo Lula, que ocupou o cargo de Ministro da Casa Civil e teve o mandato cassado sob a alegação de participação nesse escândalo.

Vejamos mais um exemplo de que, na produção de um texto, recorremos a outros, com ou sem explicitação da fonte.

> **Escândalo do Mensalão** ou **esquema de compra de votos de parlamentares** é o nome dado a uma crise política sofrida pelo governo do presidente Luiz Inácio Lula da Silva (PT) em 2005. O termo **mensalão** foi usado em referência a uma suposta "mesada" paga a deputados para votarem a favor de projetos de interesse do Poder Executivo. Segundo o deputado Roberto Jefferson, o termo já era comum nos bastidores da política entre os parlamentares para designar essa prática ilegal.
>
> Fonte: http://pt.wikipedia.org

Estudo com mais de 200 voluntários avalia atividade cardiovascular e endócrina comparada à satisfação pessoal.

Britânicos ligam felicidade à boa saúde
Salvador Nogueira

Da Reportagem local

Já dizia o poeta Vinicius de Moraes: "É melhor ser alegre que ser triste". E a comprovação médica dessa obviedade psicológica acaba de vir de três pesquisadores do University College, em Londres. Eles demonstraram que a felicidade está diretamente ligada ao bom funcionamento do sistema endócrino e cardiovascular.

Claro, o dilema de uma famosa marca de biscoitos é a primeira coisa que chama a atenção nos resultados dessa pesquisa. O sujeito está feliz porque está saudável ou está saudável porque está feliz? Essa é uma boa pergunta. Tão boa, na verdade, que os cientistas, com os dados atuais, não têm condição de responder.

O que os pesquisadores liderados por Andrew Steptoe fizeram foi estabelecer uma correlação clara entre a felicidade e certas medidas indicativas de boa saúde, com base no acompanhamento de 226 londrinos – 116 homens e

> *100 mulheres. Os voluntários foram estudados não só em laboratório mas também na vida cotidiana, trabalhando e de folga. "Nós usamos simples índices de felicidade que as pessoas nos davam umas 20 a 30 vezes por dia", diz Steptoe. Em cada nova avaliação, o participante tinha de dizer o que andara fazendo nos últimos cinco minutos e como ele classificava seu nível de felicidade no período, numa escala de 1 a 5.*
>
> *"Desse modo, nossas medidas não dependiam apenas de como alguém se sentia num único ponto do tempo, mas dos níveis médios ao longo do dia."*

Fonte: *Folha de S.Paulo*, 19 abr. 2005.

Na leitura do texto, verificamos a intertextualidade. Os enunciados

> *"É melhor ser alegre que ser triste"*

e

> *"Nós usamos simples índices de felicidade que as pessoas nos davam umas 20 a 30 vezes por dia". [...] "Desse modo, nossas medidas não dependiam apenas de como alguém se sentia num único ponto do tempo, mas dos níveis médios ao longo do dia".*

aparecem com as respectivas fontes: o poeta Vinicius de Morais e o pesquisador Andrew Steptoe. A explicitação da fonte, no caso, tem função argumentativa. Trata-se de recorrer ao dizer de autoridades, para credibilidade do discurso.

Por sua vez, no enunciado

> *Claro, o dilema de uma famosa marca de biscoitos é a primeira coisa que chama a atenção nos resultados dessa pesquisa. O sujeito está feliz porque está saudável ou está saudável porque está feliz? Essa é uma boa pergunta. Tão boa, na verdade, que os cientistas, com os dados atuais, não têm condição de responder.*

houve a introdução de outro texto sem menção à fonte, com o objetivo de seguir-lhe a orientação argumentativa. Reconhecemos, no entanto, o texto-fonte contido no enunciado, famoso em uma campanha publicitária – *Tostines é fresquinho porque vende mais ou vende mais porque é fresquinho?*

- **E quantas vezes, no processo de leitura de um texto, necessário se faz, para a produção de sentido, o (re)conhecimento de outro(s) texto(s) – ou do modo de constituí-los?**

Um exemplo do que acabamos de afirmar é o texto a seguir:

Fonte: *Folha de S.Paulo,* 10 out. 2005.

No processo de leitura e produção de sentido, (re)conhecemos o trecho – "dramatizado" na tirinha e daí seu efeito de humor – da letra da música de Tom Jobim "Águas de Março".

> **Águas de Março**
> Tom Jobim
> [...] É uma cobra, é um pau, é João, é José, é um espinho na mão, é um corte no pé [...].

Como podemos verificar, o "deslocamento" do trecho da música para a tirinha propicia a destituição da poeticidade constitutiva do enunciado, enquanto parte da letra da música, e produz o efeito de humor no gênero em que se insere.

Um outro exemplo de intertextualidade e, portanto, da necessidade do (re)conhecimento de outro(s) texto(s) ou do modo de constituí-los no processo de leitura e produção de sentido é o texto a seguir propagado pela internet, em cujas laterais encontram-se os respectivos textos que serviram como fonte:

Escândalo e literatura (.... o caso do dinheiro na cueca)

• Um Haicai:

"Cueca e dinheiro, o outono da ideologia do vil companheiro."

• À moda Machado de Assis: _____

"Foi petista por 25 anos e 100 mil dólares na cueca."

• À moda Dalton Trevisan:

"PT. Cem mil. Cueca. Acabou."

• À moda concretista: _____

"PT
cueca
cu
PT
eca
peteca
te
peca
cloaca".

• À moda Graciliano Ramos:

"Parecia padecer de um desconforto moral. Eram os dólares a lhe pressionar os testículos."

• À moda Rimbaud:

"Prendi os dólares na cueca, e vinte e cinco anos de rutilantes empulhações cegaram-me os olhos, mas não o raio-x."

• À moda Álvaro de Campos:

"Os dólares estão em mim, já não me sou, mesmo sendo o que estava destinado a ser, nunca fui senão isto: um estelionato moral na cueca das ideias vãs."

• À moda Drummond: _____

"Tinha um raio-x no meio do caminho, e agora José?"

• À moda Proust:

"Acabrunhado com todas aquelas denúncias e a perspectiva de mais um dia tão sombrio como os últimos, juntei os dólares e levei-os à cueca. Mas no mesmo instante em que aquelas

---

> *Marcela amou-me durante quinze meses e onze contos de réis, nada menos* (Memórias Póstumas de Brás Cubas, cap. XVII)

Beba coca cola
beba
coca cola
babe
cola
beba
coca
babe cola
caco
caco
cola
c l o a c a
(Décio Pignatari, 1957)

No meio do caminho

No meio do caminho tinha uma pedra tinha uma pedra no meio do caminho tinha uma pedra no meio do caminho tinha uma pedra. Nunca me esquecerei desse acontecimento na vida de minhas retinas tão fatigadas. Nunca me esquecerei que no meio do caminho tinha uma pedra tinha uma pedra no meio do caminho no meio do caminho tinha uma pedra *cédulas tocaram a minha pele, estremeci, atento ao que se passava de extraordinário em mim. Invadira-me um prazer delicioso, isolado, sem noção da sua causa. Esse prazer logo me tornara indiferente às vicissitudes da vida, inofensivos seus desastres, ilusória sua brevidade, tal como o fazem a ideologia e o poder, enchendo-me de uma preciosa essência."*

• À moda T.S. Eliot:

"Que dólares são estes que se agarram a esta imundície pelancosa? Filhos da mãe! Não podem dizer! Nem mesmo estimam o mal porque conhecem não mais do que um tanto de ideias fraturadas, batidas pelo tempo. E as verdades mortas já não mais os abrigam nem consolam."

• À moda Lispector:

"Guardei os dólares na cueca e senti o prazer terrível da traição. Não a traição aos meus pares, que estávamos juntos, mas a séculos de uma crença que eu sempre soube estúpida, embora apaixonante. Sentia-me ao mesmo tempo santo e vagabundo, mártir de uma causa e seu mais sujo servidor, nota a nota."

• À moda Lenin:

"Não escondemos dólares na cueca, antes afrontamos os fariseus da socialdemocracia. Recorrer aos métodos que a hipocrisia burguesa criminaliza não é, pois, crime, mas ato de resistência e fratura revolucionária. Não há bandidos quando é a ordem burguesa que está sendo derribada. Robespierre não cortava cabeças, mas irrigava futuros com o sangue da reação. Assim faremos nós: o dólar na cueca é uma arma que temos contra os inimigos do povo. Não usá-la é fazer o jogo dos que querem deter a revolução. Usá-la é dever indeclinável de todo revolucionário."

• À moda Stalin:

"Guarda a grana e passa fogo na cambada!"

• À moda Gilberto Gil:

"Se a cueca fosse verde como as notas, teríamos resgatado o sentido de brasilidade impregnado nas cores diáfanas de nosso pendão, numa sinergia caótica com o mundo das tecnologias e dos raios que, diferentemente dos da baianidade, não são de sol nem das luzes dos orixás, mas de um aparelho apenas, aleatoriamente colocado ali, naquele momento, conformando uma quase coincidência entre a cultura do levar e trazer numerário, tão nacional, tão brasileira quanto um poema de Torquato."

- **• À moda Ferreira Gullar:**

"Sujo, sujo, não como o poema mas como os homens em seus desvios."

- **• À moda Paulinho da Viola** ──────────

"Dinheiro na cueca é vendaval."

- **• À moda Camões:**

"Eis pois, a nau ancorada no porto à espreita dos que virão d'além na cobiça da distante terra, trazendo seus pertences, embarcam minh'alma se aflige tão cedo desta vida descontente."

- **• À moda Guimarães Rosa:**

"Notudo. Ficado ficou. Era apenas a vereda errada dentre as várias."

- **• À moda Shakespeare:**

"Meu reino por uma ceroula!!!"

- **• À moda Dráuzio Varela:**

"Ao perceber na fila de embarque o cidadão à frente, notei certa obesidade mediana na região central. Se tivesse me sentado ao seu lado durante o voo, recomendaria um regime, vexame que me foi poupado pelos agentes da PF de plantão no aeroporto. Cuidado, portanto, nem toda morbidez é obesidade."

- **• À moda Neruda:**

"Cem mil dólares e uma cueca desesperada."

> Dinheiro na mão é vendaval
> É vendaval
> Na vida de um sonhador
> De um sonhador
> Quanta gente aí se engana
> E cai da cama com toda
> ilusão que sonhou
> E a grandeza se desfaz
> Quando a solidão é mais
> Alguém já falou
> Mas é preciso viver
> E viver não é brincadeira não
> Quando o jeito é se virar
> Cada um trata de si
> Irmão desconhece irmão
> E aí dinheiro na mão é
> vendaval
> Dinheiro na mão é solução
> E solidão

Fonte: Reinaldo Azevedo, www.primeiraleitura.com.br, publicado em 11 jul. 2005.

Esse texto, expressão de um rico repertório de leitura e de muita criatividade, teve origem em um fato amplamente divulgado nos meios de comunicação. Quem não se lembra do caso do assessor de um deputado que foi preso com dólares na cueca? E quem não se lembra do quanto se falou e escreveu sobre esse episódio? O texto que lemos anteriormente e o que leremos a seguir são apenas duas dessas inúmeras produções.

Assessor do irmão de Genoino disse que ganhou os R$ 450 mil por venda de legumes no Ceagesp.
Da Agência Estado

Ao tentar embarcar ontem de manhã no aeroporto de Congonhas, em São Paulo, com destino a Fortaleza, o passageiro José Adalberto Vieira da Silva, de 39 anos, chamou a atenção do funcionário que operava a máquina de raio-X. Ele detectou a presença de dinheiro na pequena mala que Silva levava na mão. Pediu que abrisse e, minutos depois, estava armada o que pode ser uma nova e potente bomba no caminho do PT.

Constatou-se que Silva levava R$ 209 mil na mala e US$ 100 mil sob a roupa, dentro da cueca. Também tinha na bagagem uma agenda com o selo comemorativo dos 25 anos de fundação do PT e documentos com o timbre do partido, do qual ele faz parte. Constatou-se em seguida que ele é assessor do líder petista na Assembleia Legislativa do Ceará – o deputado José Nobre Guimarães, membro do diretório nacional do PT e irmão do presidente nacional da legenda, José Genoino.

A mala era de náilon e muito simples – semelhante às que são distribuídas em congressos, com a inscrição No Stress. E os reais estavam organizados em pequenos pacotes. Já os dólares estavam escondidos sob a cueca e só foram descobertos depois que o funcionário tirou Silva da fila de embarque, para uma revista. Ao ver tanto dinheiro, ele chamou o supervisor, que disparou o alarme para a Polícia Federal.

Silva não soube explicar a origem do dinheiro. De acordo com informações de pessoas envolvidas com a sua prisão, num primeiro instante ele alegou que era agricultor, plantava e tinha acabado de fazer negócios no Ceagesp – a central de abastecimento.

Fonte: *Agência Estado*, 09 jul. 2005.

No tocante à intertextualidade, podemos dizer que, enquanto alguns trechos reproduzem o "estilo" do autor do texto fonte, outros trechos se constituem de modo a remeter a passagens deste. Em ambos os casos, no entanto, conhecer o texto-fonte ou modo de constituição é condição necessária para a construção de sentido.

Vale reiterar que, para o processo de compreensão, além do conhecimento do texto-fonte, necessário se faz também considerar que a retomada de texto(s) em outro(s) texto(s) propicia a construção de novos sentidos, uma vez que são inseridos em uma outra situação de comunicação, com outras configurações e objetivos.

Do que dissemos até o momento, podemos depreender que, ***stricto sensu,*** a **intertextualidade** ocorre quando, em um texto, está inserido outro texto (intertexto) anteriormente produzido, que faz parte da memória social de uma coletividade.

Como vemos, a **intertextualidade** é elemento constituinte e constitutivo do processo de **escrita/leitura** e compreende as diversas maneiras pelas quais a produção/recepção de um dado texto depende de conhecimentos de outros textos por parte dos interlocutores, ou seja, dos diversos tipos de relações que um texto mantém com outros textos.

> **Em sentido amplo, a intertextualidade** se faz presente em todo e qualquer texto, como componente decisivo de suas condições de produção. Isto é, ela é condição mesma da existência de textos, já que há sempre um já-dito, prévio a todo dizer. Segundo J. Kristeva, criadora do termo, todo texto é um mosaico de citações, de outros dizeres que o antecederam e lhe deram origem.

Vejamos a tirinha:

Fonte: *Folha de S.Paulo*, 24 dez. 2005, Caderno Ilustrado.

Nela, podemos constatar a inserção de um outro texto – o intertexto – constituído previamente e parte da nossa memória social: *O ministério da saúde adverte: fumar faz mal à saúde.*

Nesse caso, embora não haja a explicitação da fonte, nós conseguimos constatar a intertextualidade, porque o texto-fonte faz parte de nossa memória social, podendo, assim, ser facilmente recuperado.

De forma breve, apresentamos o conceito de intertextualidade. A fim de avançarmos mais um pouco no tema, tratemos, agora, do modo pelo qual a intertextualidade pode se constituir e constituir textos.

Intertextualidade explícita

Dissemos, anteriormente, que a intertextualidade pode se constituir explícita ou implicitamente.

A ***intertextualidade explícita*** ocorre quando há **citação da fonte do intertexto**, como acontece nos discursos relatados, nas citações e referências; nos resumos, resenhas e traduções; nas retomadas de textos de parceiro para encadear sobre ele ou questioná-lo na conversação (cf. Koch, 1997 a e b, 2004).

Selecionamos os textos a seguir de modo a evidenciar a **intertextualidade explícita**. Vejamos:

Texto 1

Paixão segundo Nando Reis: "Faz muito tempo, mas eu me lembro, você implicava comigo. Mas hoje eu vejo que tanto tempo me deixou muito mais calmo. O meu comportamento egoísta, o seu temperamento difícil. Você me achava meio esquisito e eu te achava tão chata. Mas tudo que acontece na vida tem um momento e um destino. Viver é uma arte, é um ofício. Só que precisa cuidado. Pra perceber que olhar só pra dentro é o maior desperdício. O teu amor pode estar do seu lado. O amor é o calor que aquece a alma. O amor tem sabor pra quem bebe a sua água. Eu hoje mesmo quase não lembro que já estive sozinho. Que um dia eu seria seu marido, seu príncipe encantado. Ter filhos, nosso apartamento, fim de semana no sítio. Ir ao cinema todo domingo só com você do meu lado. O amor é o calor que aquece a alma."

Para Nando Reis, paixão significa estar do seu lado. Para a Pfizer, paixão é o que faz a gente pesquisar as curas para os males que afetam a qualidade de vida dos homens e das mulheres. E a gente faz isso todos os dias. Com paixão.

Muito prazer, nós somos a Pfizer.

Fonte: *Revista Veja*. São Paulo: Abril, ed. 1.929, ano 38, n. 44, 02 nov. 2005.

Na constituição do texto anterior, destaca-se o fenômeno da intertextualidade explícita, visto que há explicitação do autor do texto-fonte: Nando Reis.

Texto 2

Fonte: *O Estado de S.Paulo*, 10 abr. 2005.

Também na tirinha, temos um autêntico caso de intertextualidade explícita: há citação direta de parte do texto-fonte: a música – Sorte grande – e a indicação de quem a interpreta: a cantora Ivete Sangalo.

Sorte Grande
Ivete Sangalo

A minha sorte grande foi você
    cair do céu
Minha paixão verdadeira...
Viver a emoção, ganhar teu coração
pra ser feliz a vida inteira [...]

Poeira, poeira, poeira

Levantou poeira
Chegou no meu espaço mandando
    no pedaço
O amor que não é brincadeira
pegou me deu um laço,
Dançou bem no compasso,
de prazer levantou..........levantou
    poeira

Poeira, poeira, poeira

Levantou poeira

Mais uma vez, no texto a seguir, podemos constatar a intertextualidade explícita no texto produzido por Arthur Nestrovski, extraído do livro *Bichos que existem e bichos que não existem*.

Texto 3

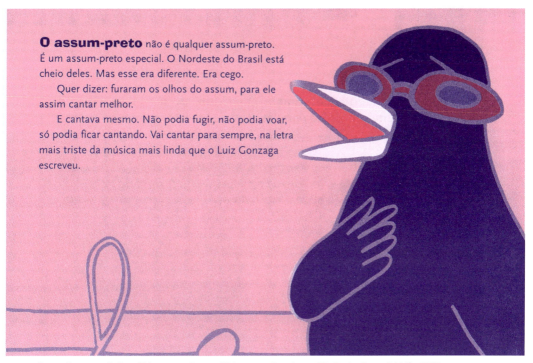

O assum-preto não é qualquer assum-preto. É um assum-preto especial. O Nordeste do Brasil está cheio deles. Mas esse era diferente. Era cego.

Quer dizer: furaram os olhos do assum, para ele assim cantar melhor.

E cantava mesmo. Não podia fugir, não podia voar, só podia ficar cantando. Vai cantar para sempre, na letra mais triste da música mais linda que o Luiz Gonzaga escreveu.

Fonte: Nestrovski, Arthur. *Bichos que existem e bichos que não existem*. São Paulo: Cosac & Naify, 2002.

O texto de Nestrovski baseia-se na composição de Luiz Gonzaga e Humberto Teixeira, tão bem conhecida por nós – Assum Preto.

Assum Preto
Luiz Gonzaga e Humberto Teixeira

Tudo em vorta é só beleza
Sol de Abril e a mata em frô
Mas Assum Preto, cego dos oio
Num vendo a luz, ai, canta de dô
Tarvez pur ignorança
Ou mardade das pió
Furaro os oio do Assum Preto
Pra ele assim, ai, cantá mió
Assum Preto veve sorto
Mais num pode avuá
Mil vez a sina de uma gaiola
Desde que o céu, ai, pudesse oiá
Assum Preto, o meu cantar
É tão triste cumo o teu
Também roubaro o meu amor
Que era a luz, ai, dos oios meu

No ensaio a seguir, destacamos mais um exemplo de intertextualidade explícita constituída por meio da indicação do texto-fonte e citação direta de algumas de suas partes. Vejamos:

Texto 4

No novo presidente da Câmara convivem, de modo equívoco e perturbador, duas porções opostas

O nome Severino Cavalcanti é uma contradição em termos. Em Pernambuco se diz que o estado é dividido entre duas categorias: a dos cavalcantis e a dos cavalgados. O nome Cavalcanti faz supor, portanto, que seu portador ocupa a metade de cima, nos atropelos da cavalgada. Mas o nome Severino é de outra extração. João Cabral de Melo Neto assim o caracterizou, no poema Morte e Vida Severina:

"Somos muitos Severinos
iguais em tudo na vida:
na mesma cabeça grande
que a custo é que se equilibra,
no mesmo ventre crescido
sobre as mesmas pernas finas
e iguais também porque o sangue
que usamos tem pouca tinta."

O novo presidente da Câmara, de modo equívoco e desconcertante, é severino e cavalcanti ao mesmo tempo. Que peso dar à porção severina e à porção cavalcanti que se conjugam, ou antes se toleram, ou se esbatem, em seu nome? O deputado se quer severino. Desde sempre, em sua trajetória parlamentar, se diz situado do lado fraco, o lado cavalgado, da Câmara Federal. Não se trata, esse tipo de severino, de severinos iguais aos de João Cabral, os severinos retirantes, os muitos severinos que, por serem iguais na vida, são iguais também na morte,

"que é a morte de que se morre
de velhice antes dos trinta,
de emboscada antes dos vinte,
de fome um pouco por dia."

Não. São severinos em um outro mundo, onde não há seca nem sinas cruéis como a de querer arrancar / algum roçado da cinza. São severinos do mundo político, um mundo em princípio de fartura e de oportunidades. Mas, dentro desse mundo, sentem-se a escória. Queixam-se da negligência com que são tratados, tanto pelos mandachuvas do Poder Executivo quanto pela aristocracia parlamentar, aquela formada pelos deputados de verbo mais fácil, posições políticas mais identificáveis e presença constante nos jornais. A crônica política batizou-os, a esses humilhados e ofendidos do Parlamento, de baixo clero. Assim como há os sem-terra e os sem-teto, eles seriam, ou pretendem ser, no mundo do poder, os sem-poderes. Severino Cavalcanti não só sempre se considerou um deles, como se erigiu no porta-voz de seus lamentos. Nesse sentido, vá lá, é um severino. Mas...

Mas com que armas e que bandeiras se puseram os severinos, o porta-voz de suas queixas à frente, ao assalto da fortaleza defendida pela casta de privilegiados do Parlamento? Era de supor que com propostas e ideias. Do baixo clero, quando aspira ao cardinalato, o mínimo que se espera é que se esmere no latim e se empanturre de teologia. É do máximo bom-tom, mesmo que não seja sincero, que se deixem de lado pleitos que representem vantagens pessoais ou cheirem a privilégios.

Pois Severino Cavalcanti, em sua cavalgada em direção à presidência da Câmara, fez tudo ao contrário. Jogou-se com apetite cavalcanti à captura de um tesouro de benesses – aumento de salários para os deputados, aumento de funcionários a serviço deles, aumento de viagens boca-livre... De quebra, e não menos importante, aumento considerável na possibilidade de mordidas no bolo saboroso do Orçamento. Severino Cavalcanti fez-se de severino, mas apresentou-se a seus pares com um primor de plataforma cavalcanti. Foi assim que ganhou. Os severinos da Câmara estão longe dos severinos de João Cabral, aqueles que só carregam coisas de não: / fome, sede, privação. Carregam coisas de sim – mandato, funcionários, casa de graça, emendas ao Orçamento. E votaram para ter mais. Protege-os um mestre e guia cuja aparência severina, à semelhança deles, esconde uma alma cavalcanti.

Fonte: Revista *Veja*. São Paulo: Abril, 23 fev. 2005, p. 110.

Com os exemplos, chamamos a atenção para a intertextualidade com explicitação da fonte em gêneros textuais diversos. Entretanto, para a produção do sentido, além da verificação do fenômeno, o leitor deve considerar a importância e a função da escolha realizada pelo autor. Em outras palavras, deve ter em mente a questão: por que e para que o autor citou a fonte, se tem a opção de não fazê-lo, como veremos no tópico a seguir?

Intertextualidade implícita

Mas nem só explicitamente se constitui a intertextualidade. Há casos em que ela pode se constituir de **modo implícito**.

A *intertextualidade implícita* ocorre sem citação expressa da fonte, cabendo ao interlocutor recuperá-la na memória para construir o sentido do texto, como nas alusões, na paródia, em certos tipos de paráfrases e ironias (cf. KOCH, 1991, 1997 a e b, 2004).

Nesse caso, exige-se do interlocutor uma busca na memória para a identificação do intertexto e dos objetivos do produtor do texto ao inseri-lo no seu discurso. Quando isso não ocorre, grande parte ou mesmo toda a construção do sentido fica prejudicada.

Vejamos o exemplo:

Fonte: *Folha de S.Paulo*, 13 nov. 2005.

Se, na leitura do texto, não levarmos em conta que estamos diante de uma propaganda "calcada" no "Pai-Nosso", com o propósito de divulgar a emissora de rádio (Kiss 102.1 FM), a construção do sentido será prejudicada.

Desse modo, nas produções textuais marcadas por esse tipo de intertextualidade, o autor não apresenta a fonte, porque pressupõe que já faça parte do conhecimento textual do leitor. Então, para a produção de sentido, o leitor deve estabelecer o "diálogo" proposto entre os textos e a razão da recorrência implícita a outro(s) texto(s).

Ainda na concepção de **intertextualidade implícita**, consideramos a manipulação que o produtor do texto opera sobre texto alheio ou mesmo próprio, com o fim de produzir determinados efeitos de sentido, recurso muito usado, por exemplo, na publicidade, no humor, na canção popular, bem como na literatura.

É o que GRÉSILLON e MAINGUENEAU (1984) denominam ***détournement***, efetuado por meio de substituições, supressões, acréscimos, transposições operadas sobre o enunciado-fonte.

Os textos a seguir são exemplificadores dessa noção.

TEXTO 1

Fonte: Revista *Veja*, Texto extraído da matéria: Poesia Urbana em Outdoor, p. 8, 9 mar. 2005.

O texto é uma Poesia urbana, conforme denominação de sua própria autora, a atriz, diretora e artista plástica nas horas vagas, Cristina Mutarelli. Com o propósito de presentear a cidade, a autora alugou por conta própria dois *outdoors*, um na avenida Rebouças e outro na Doutor Arnaldo, e estampou o texto Família vende todos.

Nessa produção, o *détournement*, realizado por meio da substituição, solicita do leitor a recuperação do enunciado-fonte: Família vende tudo, bastante conhecido por sua veiculação em jornais e revistas ou por afixação em imóveis residenciais.

Texto 2

Fonte: Revista *Contigo*.

No texto acima, também constatamos o *détournement* efetuado por meio de uma substituição, conforme verificaremos ao compará-lo ao enunciado-fonte: Agradeço a Santo Expedito a graça alcançada.

Texto 3

Fonte: *Folha de S.Paulo*, 30 mar. 2005.

No **texto 3**, o *détournement* efetua-se por meio da substituição operada sobre o enunciado-fonte: Atenção senhores passageiros: favor manter os celulares desligados.

> Com base nos exemplos, podemos afirmar que o autor, ao produzir seu texto recorrendo implicitamente a outro(s) texto(s), espera que o leitor não só identifique o texto-origem como também – e principalmente – perceba o efeito de sentido provocado pelo deslocamento ou transformação de "velhos" textos e o propósito comunicacional dos novos textos constituídos.

Intertextualidade, leitura e produção de sentido

Conforme destacado, tivemos como objetivo neste capítulo abordar, de forma breve, a noção de intertextualidade e seus modos de constituição.

A fim de reforçar a importância da noção de intertextualidade na atividade de leitura e construção de sentido, apresentaremos alguns exemplos.

Texto 1

Fonte: *Folha de S.Paulo,* 10 abr. 2005.

Texto 2

Fonte: *Folha de S.Paulo,* 14 jul. 2005.

Na leitura das tirinhas, fica evidente a presença de outro texto – o texto-fonte – marcada nos enunciados:

"à meia-noite a minha carruagem vira abóbora" (**texto 1**);

e

"espelho, espelho meu... quem é a mais linda de todas as mulheres?" (**texto 2**).

Ler e compreender 97

Além do conhecimento dos textos a que se faz referência: *Cinderela* (**texto 1**) e *Branca de Neve* (**texto 2**), para a construção do sentido, espera-se do leitor o conhecimento sobre composição, conteúdo, estilo e propósito comunicacional dos gêneros textuais (ver **capítulo 5**) em destaque, no caso, conto de fadas e tirinha.

TEXTO 3

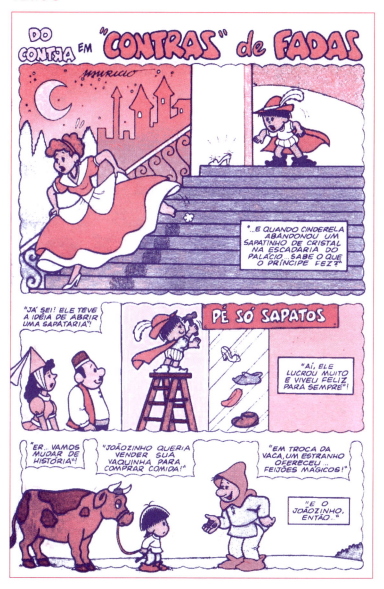

Fonte: *Magali Fábulas*. Globo, Maurício de Souza Editora, n. 39. Coleção "Um tema só".

Como vemos, a história em quadrinhos, produzida por Maurício de Sousa e intitulada "'Contras' de fadas", se constitui com base em quatro famosos contos infantis: "Cinderela", "João e o Pé de Feijão", "Branca de Neve" e "Os Três Porquinhos".

O conhecimento desses textos, em associação com o conhecimento sobre as personagens criadas por Maurício de Sousa, especificamente a personagem "do Contra", que justifica o título e orienta a produção de sentido, é de fundamental importância na atividade de leitura e construção de sentido do novo texto.

Além disso, outros conhecimentos devem ser ativados no processo de compreensão, conforme vimos no **capítulo 2**:

- conhecimento da língua, especialmente no que se refere ao uso da palavra "contra", considerando sua classe gramatical e suas acepções;
- conhecimento das coisas do mundo, especialmente no que se refere à caracterização de um modo de ser, viver e pensar em um mundo diferente ao dos contos de fada;
- conhecimento do modo de organização, estilo e propósito comunicacional das histórias em quadrinhos, especialmente em se tratando das produções do Grupo Maurício de Sousa, mais especificamente quando giram em torno da personagem do Contra.

5
Gêneros textuais

Na constituição dos capítulos anteriores, estivemos expostos – nos capítulos seguintes, também estaremos – a textos diversos: história em quadrinhos, tirinha, charge, crônica, miniconto, fábula, poesia, anúncio, cartaz, artigo de opinião, artigo de divulgação científica, piada, bula, horóscopo, dentre outros.

No processo de leitura e construção de sentido dos textos, levamos em conta que a escrita/fala baseiam-se em formas padrão e relativamente estáveis de estruturação e é por essa razão que, cotidianamente, em nossas atividades comunicativas, são incontáveis as vezes em que não somente lemos textos diversos, como também produzimos ou ouvimos enunciados, tais como: *"escrevi uma **carta** ", "recebi o **e-mail** ", "achei o **anúncio** interessante", "o **artigo** apresenta argumentos consistentes", "fiz o **resumo** do livro", "a **poesia** é de um autor desconhecido", "li o **conto** ", "a **piada** foi boa", " que **tirinha** engraçada!", "a **lista** é numerosa".*

E a lista é numerosa mesmo!!! Tanto que estudiosos que objetivaram o levantamento e a classificação de gêneros textuais desistiram de fazê-lo, em parte porque os gêneros existem em grande quantidade, em parte porque os gêneros, como práticas sociocomunicativas, são dinâmicos e sofrem variações na sua constituição, que, em muitas ocasiões, resultam em outros gêneros, novos gêneros. Basta pensarmos, por exemplo, no *e-mail* ou no *blog*, práticas sociais e comunicativas decorrentes das variações ("transmutações") da carta e do diário, respectivamente, propiciadas pelas recentes invenções tecnológicas.

Sobre a nossa atividade comunicativa e, portanto, a constituição dos gêneros, BAKHTIN (1992:301-302) afirma que:

> Para falar, utilizamo-nos sempre dos gêneros do discurso, em outras palavras, todos os nossos enunciados dispõem de uma **forma padrão** e relativamente estável de **estruturação de um todo**. Possuímos um rico repertório dos gêneros do discurso orais (e escritos). Na **prática**, usamo-los com segurança e destreza, mas podemos ignorar totalmente a sua existência **teórica** [...]. (grifos do autor)

Fundamentada na afirmação do autor, KOCH (2004) defende a ideia segundo a qual os indivíduos desenvolvem uma **competência metagenérica** que lhes possibilita interagir de forma conveniente, na medida em que se envolvem nas diversas práticas sociais.

É essa **competência** que possibilita a produção e a compreensão de gêneros textuais, e até mesmo que os denominemos, conforme explicamos no parágrafo inicial e reiteramos, agora, com o **texto 1**, cujo enunciado destaca a denominação do gênero "currículo", e, com o **texto 2**, em que na "fala" do garoto revela-se a denominação ao gênero textual "recado" produzido em suporte não esperado – a parede –, para desaprovação do pai. Vejamos:

TEXTO 1

Fonte: *O Estado de S. Paulo*, 10 set. 2005.

Texto 2

Fonte: *Folha de S.Paulo,* 24 set. 2005.

Como vemos, se, por um lado, a **competência metagenérica** orienta a produção de nossas práticas comunicativas, por outro lado, é essa mesma competência que orienta a nossa compreensão sobre os gêneros textuais efetivamente produzidos. Para exemplificar que essa competência é de fundamental importância para a produção de sentido do texto, selecionamos os textos a seguir.

Texto 3

Em relação ao **texto 3**, a seguir, nossa competência metagenérica nos diz que, por sua composição, conteúdo, estilo, propósito comunicacional e modo de veiculação, estamos diante do gênero propaganda, constituído sob a forma de outro gênero: palavras cruzadas.

Texto 3

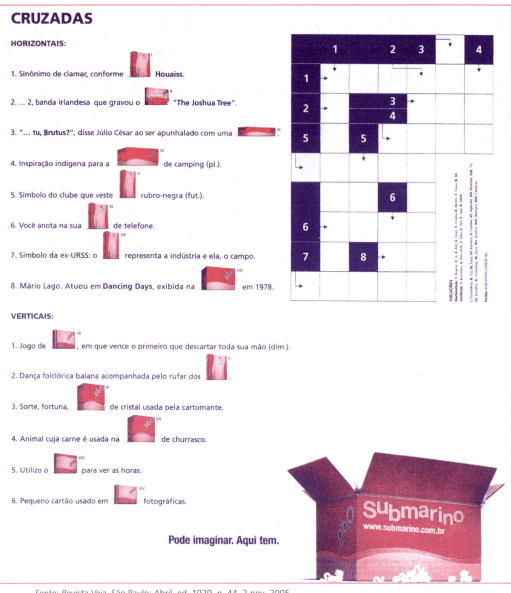

Fonte: *Revista Veja*. São Paulo: Abril, ed. 1929, n. 44, 2 nov. 2005.

TEXTO 4

Fonte: *Folha de S.Paulo*, 28 abr. 2001.

Também, no **texto 4**, é de fundamental importância a competência metagenérica para a produção de sentido, uma vez que estamos diante de uma charge que revela em sua constituição o gênero "piada" em dois momentos: **primeiro**, pelo efeito de riso produzido por um enunciado que "passou a fazer parte do repertório de piadas"; **segundo**, pela apresentação, após o riso, de um enunciado que, na sequência, anuncia outra piada, esta, porém, situada em um quadro (re)conhecido, esperado: trata-se de uma piada de português.

A noção de competência metagenérica – e de sua importância na e para a produção/compreensão de textos – está implicitada no ponto de vista de BAKHTIN (1992:301-302), segundo o qual:

> Na conversa mais desenvolta, moldamos nossa fala às formas precisas de gêneros, às vezes padronizados e estereotipados, às vezes mais maleáveis, mais plásticos e mais criativos. [...] Aprendemos a moldar nossa fala às formas do gênero e, ao ouvir a fala do outro, sabemos de imediato, bem

> nas primeiras palavras, pressentir-lhe o gênero, adivinhar-lhe o volume (a extensão aproximada do todo discursivo), a dada estrutura composicional, prever-lhe o fim, ou seja, desde o início, somos sensíveis ao todo discursivo que, em seguida, no processo da fala, evidenciará suas diferenciações. Se não existissem os gêneros do discurso e se não os dominássemos, se tivéssemos de criá-los pela primeira vez no processo da fala, se tivéssemos de construir cada um de nossos enunciados, a comunicação verbal seria quase impossível.

No trecho, destaca-se a ideia de que os gêneros textuais – práticas sociocomunicativas – são constituídos de um determinado modo, com uma certa função, em dadas esferas de atuação humana, o que nos possibilita (re)conhecê-los e produzi-los, sempre que necessário. Se não fosse assim, haveria primazia de uma produção individual e individualizante desprovida dos traços de um trabalho construído socialmente, o que dificultaria (e muito) o processo de leitura e compreensão, segundo os pressupostos assumidos por nós nos capítulos anteriores.

Afirmar que os gêneros são produzidos de determinada forma não implica dizer que não sofrem variações ou que elegemos a forma como o aspecto definidor do gênero textual em detrimento de sua função. Apenas chamamos a atenção para o fato de que todo gênero, em sua composição, possui uma forma, além de conteúdo e estilo – segundo Bakhtin (1997), elementos indissociáveis na constituição do gênero.

Composição, conteúdo e estilo

Na perspectiva bakhtiniana, um gênero pode ser assim caracterizado:

- são tipos relativamente estáveis de enunciados presentes em cada esfera de troca: os gêneros possuem uma forma de composição, um plano composicional;
- além do plano composicional, distinguem-se pelo conteúdo temático e pelo estilo;

- trata-se de entidades escolhidas, tendo em vista as esferas de necessidade temática, o conjunto dos participantes e a vontade enunciativa ou a intenção do locutor, sujeito responsável por enunciados, unidades reais e concretas da comunicação verbal.

Desse modo, todo gênero é marcado por sua esfera de atuação que promove modos específicos de combinar, indissoluvelmente, conteúdo temático, propósito comunicativo, estilo e composição. Veremos como se constitui essa combinação nos exemplos apresentados a seguir:

TEXTO 1

Pecado

Que raiva que dá
Quando a Chica se pinta toda
Só pro Neno
Ela que é toda assanhada
Ele que come qual urso
Eu que deitado na sombra
Queria ter um carro igual

Fonte: ELIAS NETO, Moysés. *Poeta de Gaveta.* Onze/USP.

TEXTO 2

Sete Pecados do governo Lula

Lula disse na semana passada, depois de comungar sem confessar, que não tem pecados. Bem, cada um sabe de sua vida particular. Mas, como governante, ele e seu governo têm pecados que nenhum frei, nem mesmo da Teologia da Libertação (aquela que alguns chamam de "progressista"), pode expurgar em pouco tempo. Vou me limitar aos pecados capitais:

Soberba ou Vaidade – "Mãe de todos os vícios", segundo Tomás de Aquino, se manifesta toda vez que o presidente diz que, por ser de origem proletária, veio salvar o Brasil de 500 anos de inferno capitalista. Ou quando desdenha a educação formal porque não precisou de diploma universitário para atingir o maior cargo político do País que considera o melhor do mundo. Ou quando seus asseclas principais o comparam com Jesus, Moisés e outros personagens.

Preguiça – Ou: Macunaíma no poder. O presidente, para não falar de seus filhos, e os ministros, para não falar de suas mulheres, não trabalham. Despachar, para eles, é um verbo do dicionário de candomblé. Ocupam o tempo com discursos, viagens, factoides, lobbies, nomeações para todos os escalões – sem critério exceto o do interesse. Falam em reforma, mas jamais metem a mão na massa. Não estudam seus assuntos e não conseguem cortar gastos, aprimorar gestões, administrar planilhas. Claro, a dispersão convém.

Inveja – Esse é o menos disfarçado dos pecados do atual governo. Lula quer ser FHC, Dirceu quer ser Serjão, Palocci quer ser Malan. Ficaram tantos anos atacando o governo anterior que, numa reversão que só a inveja explica, hoje incluem no programa de partido todos os pontos que atacavam: meta de inflação, superávit fiscal, dólar flutuante, boas relações com o FMI, etc. A tal ponto que não sabem como derrubar os juros, pois, como a dívida caiu pouco e os investimentos continuam baixos, não dá para tirar o olho do risco-país.

Luxúria – Esse pecado também é visível por toda parte. Por exemplo, quando o presidente viaja em seu Boeing "sob encomenda", o Aerolula, para ser santificado como inimigo da fome por ditadores africanos, em meio a gafes e bravatas. Ou em seus roupões de algodão egípcio e jantares regados a Château Pétrus. Ou quando se gaba de seu desempenho sexual.

Ira – Não é apenas uma explosão de raiva, mas o sentimento de orgulho que se converte em desejo de vingança. Aos inimigos, os petistas sempre dedicam a ira; em vez de contrapor argumentos e exercitar a tolerância, tratam de desqualificá-los moralmente ou cerceá-los juridicamente. E, novamente como de hábito, ninguém conhece melhor a ira do governo petista do que os antigos aliados, quer "radicais" quer "históricos". Essa postura não raro aparece travestida de "regulamentação" de setores como a imprensa e a cultura.

Gula – No sentido estrito, basta olhar as barrigas do Executivo. No sentido amplo, é a voracidade com que o governo avança no bolso dos contribuintes, engolindo toda migalha que vê pela frente. Os impostos sobem, a arrecadação dispara, os agiotas comemoram. E é também a gula por mais e mais poder, expressa na maneira como todas as estatais são ocupadas por políticos e o número de funcionários públicos não para de aumentar.

Avareza ou Cobiça – Esse pecado seria o mais negado pelo atual governo, já que anuncia "generosidades" a toda hora. Mas, ao mesmo tempo que esbanja em juros e luxos, ele é avaro, extremamente avaro na prestação de serviços sociais. Oferece "bolsa-esmola", que frequentemente cai em mãos abastadas, mas deixa o ensino, a saúde e a segurança (cadê o "maior plano nacional de segurança jamais feito"?), por exemplo, piorarem a cada dia. Quanto mais dinheiro extrai da sociedade, menos lhe devolve. Ave Maria, rogai por nós.

Fonte: PIZA, Daniel. *Sete pecados do governo Lula*, 17 abr. 2005. http://txt.estado.com.br/colunistas/piza.html. Acessado em 26 mai. 2005.

TEXTO 3

Fonte: *O Estado de S.Paulo*, 9 mar. 2005.

Sabemos, pela nossa competência metagenérica, que o **texto 1** é uma poesia, que o **texto 2** é um artigo de opinião e que o **texto 3** é uma tirinha. Por quê? Porque esses gêneros têm um modo de composição (estruturação, esquematização) que lhes são próprios: a **poesia** se estrutura em estrofes e versos, com rimas ou sem rimas; por sua vez, o **artigo de opinião** se estrutura em torno de um ponto de vista e da argumentação em sua defesa; e a **tirinha** se estrutura em enunciados curtos, constituídos em balões, para representar a "fala" de personagens, destacando-se nessa composição o imbricamento entre verbal e não-verbal.

Portanto, **do ponto de vista da composição dos gêneros**, deve-se levar em conta a forma de organização, a distribuição das informações e os elementos não-verbais: a cor, o padrão gráfico ou a diagramação típica, as ilustrações.

Do ponto de vista do conteúdo temático, na poesia predomina a expressão dos sentimentos do sujeito, sujeito esse que fala de si e dá vazão a emoções, constituindo-se, preponderantemente, na primeira pessoa.

Por sua vez, no artigo de opinião, veiculado em revistas ou jornais, o conteúdo, geralmente, consta de acontecimentos de ordem política, econômica, social, histórica ou cultural, e raramente sobre acontecimentos ou vivências pessoais. Por último, na tirinha, o conteúdo esperado é a crítica bem-humorada a coisas do mundo, modos de comportamento, valores, sentimentos.

Coincidentemente, os três textos selecionados estruturam-se em torno do mesmo tema – pecado – porém o fazem de modo diferente. **Em se tratando de estilo**, na poesia, há a expressão máxima do trabalho do autor nas escolhas realizadas para a constituição do dizer; no artigo de opinião, geralmente, exige-se característica do estilo de comunicação formal, dirigida a um grupo privilegiado social, econômica e cultu-ralmente; na tirinha, apesar da escassez do espaço, que exige do autor uma produção breve, há forte expressão do trabalho do autor marcada, geralmente, por maior grau de informalidade.

Subjaz a essas considerações o fato de que, nas escolhas que realiza, o autor imprime a sua marca individual, mas não pode ignorar a relativa estabilidade dos gêneros textuais, o que não o caracteriza como um sujeito inteiramente livre, que tudo pode dizer em descaso às regulações sociais, nem como um sujeito totalmente submisso, que nada pode dizer, sem fugir às prescrições sociais.

Para entendermos melhor a relação estilo/gênero textual, vamos ler os textos a seguir:

Texto 1

Notícia: Final Feliz

"Após receber o rim da mãe, Anna Paula Reinelt Marques deixou o hospital ontem. A mãe, Izilda (com Anna na foto), teve de escolher qual das três filhas iria receber o órgão".

••• Após receber o rim da mãe, Anna Paula Reinelt Marques deixou o hospital ontem. A mãe, Izilda (com Anna na foto), teve de escolher qual das 3 filhas iria receber o órgão. • PÁG. A30

Fonte: *O Estado de S.Paulo*, 5 mar. 2005, p. A1

Texto 2

Final Feliz?

Ingredientes:

- *3 filhas com grave problema renal, que há quatro anos fazem diálise e esperam um órgão na fila de transplante;*
- *1 mãe que possui apenas dois rins e, deste modo, apenas um disponível para transplante;*
- *1 Hospital do Rim, na vila Mariana, zona sul de São Paulo;*
- *1 médico especialista em transplantes de rim;*
- *1 equipe de apoio para este médico.*

Modo de fazer:

1. Pegue as filhas, leve-as ao médico e faça-as descobrir a grave doença, deixe-as em banho-maria.

2. Pegue então a mãe e dê a notícia a ela, dizendo também que ela terá de escolher a qual das filhas doará seu rim, reserve.

3. Pegue novamente as filhas, dê também esta notícia a elas.

4. Este procedimento causará grande ebulição de sentimentos (angústias, ansiedade, tristezas etc...), espere então que esfrie.

5. Convoque então as quatro para que decidam juntas qual das filhas receberá o rim.

6. Aguarde um certo tempo para que elas se resolvam, enquanto isso vá juntando o dinheiro necessário para o transplante.

7. Resolvido? Então leve a mãe e as filhas ao Hospital do Rim e faça com que encontrem o médico e sua equipe.

8. Entre então com a mãe e apenas uma das filhas na sala de cirurgia.

9. Faça o transplante e deixe as outras duas filhas esperando na fila do transplante.

10. Retorne, então, com a filha transplantada e a mãe para casa, e leve as outras duas filhas para o hospital fazer diálise.

11. Final feliz?

Autora: Júlia Portella, aluna do curso de Comunicação e Multimeios da PUC-SP.

Não temos dúvida de que o **texto 1** é uma notícia: a função preponderante é informar, o texto foi veiculado em jornal, em sua organização e estilo destacam-se o modo de distribuição das informações, os elementos não verbais (diagramação típica, ilustrações) e a "objetivação" do discurso.

Por sua vez, o uso de uma estrutura composicional como a do **texto 2** pode ocorrer – porém é pouco comum – no domínio jornalístico. Trata-se, nesse caso, de uma produção textual em que o trabalho do autor se evidencia na mobilização de duas formas composicionais para fazê-las funcionarem simultaneamente superpostas uma à outra: um artigo de opinião construído sob a forma de receita.

A partir dessas considerações sobre estilo, conteúdo e composição dos gêneros textuais, podemos afirmar que:

- a noção de gêneros textuais é respaldada em práticas sociais e em saberes socioculturais, porém os gêneros podem sofrer variações em sua unidade temática, forma composicional e estilo;

- todo e qualquer gênero textual possui estilo; em alguns deles, há condições mais favoráveis (gêneros literários), em outros, menos favoráveis (documentos oficiais, notas fiscais), para a manifestação do estilo individual;

- os gêneros não são instrumentos rígidos e estanques, o que quer dizer que "a plasticidade e a dinamicidade não são características intrínsecas ou inatas dos gêneros, mas decorrem da dinâmica da vida social e cultural e do trabalho dos autores" (Alves Filho, 2005: 109);

- os gêneros não se definem por sua forma, mas por sua função. O texto Final feliz?, por exemplo, é representativo de que um gênero pode assumir a forma de outro e, ainda assim, continuar pertencendo àquele gênero (no caso do exemplo, o artigo de opinião assumiu o formato de receita, mas continuou, por sua função, um artigo de opinião). Esse fenômeno alusivo à **hibridização** ou **mescla de gêneros** é denominado de *intertextualidade intergêneros* (cf. Marcuschi, 2002: 31) e é disso que traremos a seguir.

Gêneros textuais e intergenericidade

A **hibridização** ou a **intertextualidade intergêneros** é o fenômeno segundo o qual um gênero pode assumir a forma de um outro gênero, tendo em vista o propósito de comunicação. Não raro, pode ser verificado em anúncios, tirinhas e até mesmo em artigos de opinião.

Vejamos os textos a seguir:

Texto 1

Fonte: *Folha de S.Paulo*.

O **texto 1**, embora tenha as características de uma receita, de fato não o é, porque o leitor não o levará a sério, a ponto de efetivamente realizá-la. Dito de outro modo, o texto tem a **forma** de receita, mas não a **função** de receita. A sua função é aquela que se atribui às tirinhas. Temos, portanto, no exemplo, uma mescla de dois gêneros: o gênero receita está a serviço do gênero tirinha, mas este preserva a sua função sócio-historicamente constituída, a saber: a de revelar um posicionamento crítico sob a perspectiva do humor.

TEXTO 2

É... já sabemos. O **texto 2** não consiste em um problema matemático cuja solução é solicitada aos leitores. Não!!! Nenhum leitor maduro, conhecedor de charge, tentaria resolver o problema, pois sabe que esse gênero é uma forma humorada de criticar e zombar de fatos ou situações reais da política, de modo geral. Vemos, novamente, a concretização do fenômeno da intertextualidade intergêneros: a charge constituída sob a forma de problema; o problema a serviço da charge, sem, contudo, alterar a função desta.

TEXTO 3

Fonte: *Folha de S.Paulo*, 20 ago. 2005.

Vemos, no **texto 3**, o quanto é interessante a mescla de gêneros como um recurso de que dispõe o produtor de texto para alcançar o seu propósito comunicacional e a que deve estar atento o leitor para a construção de sentido.

Nossa competência metagenérica nos diz que não estamos diante do gênero telegrama, não em termos de sua função no contexto em que se insere, mas do gênero anúncio. E a parte que se encontra abaixo do telegrama: Vá arranjando sua desculpa pra não perder o feirão FLEX FIAT é uma forte sinalização disso.

TEXTO 4

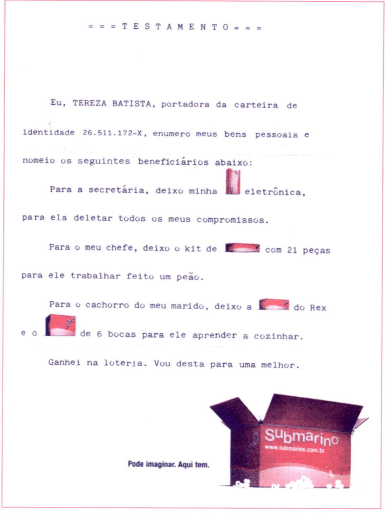

Fonte: Revista *Veja*. São Paulo: Abril, ed. 1926, ano 88, n. 41, 12 out. 2006, p. 111.

É... ninguém levaria a sério um testamento como esse, não é mesmo? Isso evidencia que, de fato, não estamos diante do gênero testamento, embora assim seja anunciado no alto da primeira linha tal como é praxe nesse tipo de documento.

A forma a que se recorreu para compor o **texto 4** equivale à de um testamento; porém, pela função que lhe é atribuída, considerando o modo de composição, o estilo, o conteúdo, o propósito comunicacional e o meio de veiculação, verifica-se tratar-se de uma propaganda constituída sob a forma de testamento. E quanto a isso, não temos dúvida, porque a função ou propósito comunicativo, mais do que a forma, nesse caso, é preponderante na definição do gênero.

Texto 5

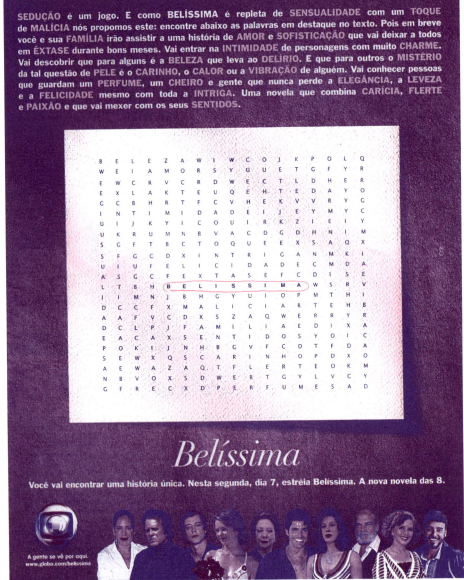

Fonte: Revista *Veja*. São Paulo: Abril, ed. 1980, ano 88, n. 45, 9 nov. 2005.

Verificamos, no **texto 5,** a estrutura composicional do gênero caça-palavras na composição da propaganda. Dito de outro modo: o gênero propaganda se apresenta sob a forma de outro – caça-palavras –, mas continua com a função que lhe cabe, a saber: divulgar um produto, no caso, *Belíssima,* novela global das oito. Sabemos disso uma vez que a esfera de circulação, os propósitos comunicativos, o tipo de interação em jogo, a materialidade linguística e as palavras em destaque são indicações, para que interpretemos o texto como propaganda e não como um passatempo, ainda que aceitemos a proposta e busquemos encontrar no texto as palavras destacadas. A leitura do texto confirma, pois, que o seu propósito principal é anunciar a novela e a forma escolhida para fazê-lo atender bem a esse propósito.

Gêneros textuais e heterogeneidade tipológica

Os gêneros são formados por sequências diferenciadas denominadas **tipos textuais**. Portanto, devemos ter em vista que a noção de gênero não se confunde com a noção de tipo.

É partindo desse pressuposto que ADAM (1991) afirma que uma narrativa ou uma descrição diferem uma da outra e também de outras narrativas e outras descrições. As sequências reconhecidas como descritivas, por exemplo, compartilham um certo número de características do conjunto – uma sensação familiar que incita o leitor a reconhecê-las como sequências descritivas mais ou menos típicas, mais ou menos canônicas.

O autor propõe ainda situar a tipologia de sequências em um conjunto mais amplo e complexo dos planos de organização da textualidade. Concebendo o texto como uma estrutura sequencial heterogênea, o autor afirma ser possível observar a diversidade e a heterogeneidade do texto, bem como definir linguisticamente alguns aspectos dessa complexidade.

Por sua vez, MARCUSCHI (2002:23) afirma que "os tipos textuais constituem sequências linguísticas ou sequências de enunciados e não são textos empíricos". Teoricamente, **os tipos** são designados como **narrativos**, **descritivos**, **argumentativos**, **expositivos** ou **injuntivos**.

O autor enfatiza que os gêneros textuais são constituídos por dois ou mais tipos, em geral. A presença de vários tipos textuais em um gênero é denominada de **heterogeneidade tipológica**. Verificaremos a existência desse fenômeno nos textos a seguir:

Texto 1

Fonte: *Folha de S.Paulo,* 27 jul. 2005.

O gênero textual acima é composto por diferentes tipos textuais:
Descritivo

troco esposa 25/45 anos/cozinha/varre/passa/excelente estado;

esposa procura família que valorize/ entenda necessidades e ajude a limpar a casa.

Argumentativo

para fazer parte da experiência televisiva que está mudando o mundo inteiro...

e você poderá se ver em Troca de Esposas todas as quartas-feiras às 22h.

Injuntivo

participe! www.peopleandartsbrasil.com/
swingers abstenham-se

TEXTO 2

No texto a seguir, produzido por um garoto de sete anos, há a presença de vários tipos textuais, conforme especificado na legenda apresentada ao final.

Era uma vez o garoto Pedro Álvares Cabral
Adorava barcos, navios
E queria ser marinheiro
20 anos se passaram
E o sonho do garoto se realizou

Garoto não, ele tinha crescido

Bom, Dom Manuel chamou Pedro Álvares Cabral
Para ser capitão do navio para a Índia
Mas o que eles não sabiam era que
para ir para a Índia era preciso passar por um país inimigo.
Quando finalmente partiram
Ventos terríveis... *e por causa disso, ao invés de virar à direita,*
viraram à esquerda
E, assim, Pedro Álvares Cabral descobriu o Brasil.
Não vá pensando que esta história acabou.
Pedro passou esta história de geração em geração.
Esta história tem vários jeitos de se contar, como este de João
Marcelo da Silva Elias.

Fim

Fonte: João Marcelo da Silva Elias, 7 anos, aluno do Colégio Madre Alix.

LEGENDA:
Tipo narrativo   Tipo descritivo   *Tipo argumentativo*   *Tipo injuntivo*

Como observamos, o estudo dos gêneros constitui-se, sem dúvida, numa contribuição das mais importantes para o ensino da leitura e redação. Para reforçar esse posicionamento, afirmamos que, somente quando dominarem os gêneros mais correntes na vida cotidiana, nossos alunos serão capazes de perceber o jogo que frequentemente se faz por meio de manobras discursivas que pressupõem esse domínio.

6

Referenciação e progressão referencial

Neste capítulo, vamos estudar a referenciação e a progressão referencial.

> Denomina-se ***referenciação*** as diversas formas de introdução, no texto, de novas entidades ou referentes. Quando tais referentes são retomados mais adiante ou servem de base para a introdução de novos referentes, tem-se o que se denomina ***progressão referencial***.

Defende-se, hoje em dia, a posição de que a referenciação, bem como a progressão referencial, consistem na **construção** e **reconstrução de objetos de discurso.** Ou seja, os referentes de que falamos não espelham diretamente o mundo real, não são simples rótulos para designar as coisas do mundo. Eles são construídos e reconstruídos no interior do próprio discurso, de acordo com nossa percepção do mundo, nossos "óculos sociais" (cf. BLIKSTEIN, 1986), nossas crenças, atitudes e propósitos comunicativos. Daí a proposta de substituir a noção de referência pela noção de referenciação.

Texto 1

Nova espécie de ave é descoberta na Grande SP

O Ibama anunciou ontem a descoberta de uma nova ave, o bicudinho-do-brejo-paulista.

O Stymphalornissp.nov (a terminação indica que o animal não recebeu a denominação definitiva da espécie) foi encontrado pelo professor Luís Fábio Silveira, do Departamento de Zoologia da USP, em áreas de brejo nos municípios de Paraitinga e Biritiba-Mirim, na Grande São Paulo, em fevereiro. O pássaro tem pouco mais de 10 centímetros de comprimento, capacidade pequena de voo e penugem escura.

Fonte: *O Estado de S.Paulo*, 6 maio 2005, p. A18.

O referente principal – uma nova ave –, depois de introduzido, é retomado por: o bicudinho-do-brejo-paulista, o *Stymphalornissp.nov*, o animal, o pássaro.

A **referenciação** constitui, portanto, uma **atividade discursiva**. O sujeito, por ocasião da interação verbal, opera sobre o material linguístico que tem à sua disposição e procede a escolhas significativas para representar estados de coisas, de modo condizente com a sua proposta de sentido (Koch, 1999, 2002). Isto é, as formas de referenciação são escolhas do sujeito em interação com outros sujeitos, em função de um querer-dizer. Os objetos de discurso não se confundem com a realidade extralinguística, eles a (re)constroem no próprio processo de interação.

A título de exemplificação do que acabamos de afirmar, vamos ler o texto a seguir:

Texto 2

O dia começa às cinco para a turma que serve o café da manhã – carregam os pães e grandes vasilhames com café em carrinhos de ferro. Pelo guichê das celas trancadas surgem canecas e bules amassados, à medida que o grupo passa. Os inimigos da aurora deixam a vasilha de café no guichê da porta e penduram um saco plástico para receber o pãozinho com manteiga e evitar o suplício de sair da cama.

A expressão inimigos da aurora só faz sentido no interior desse texto: refere-se aos detentos que não gostam de levantar cedo. Seria muito difícil detectar o referente da expressão fora do contexto: ele é construído textualmente.

Trata-se de uma construção e reconstrução de referentes bastante complexa. Nessa construção intervêm não somente o saber construído linguisticamente pelo próprio texto e os conteúdos inferenciais que podem ser calculados a partir dos elementos nele presentes (graças aos conhecimentos lexicais, enciclopédicos e culturais e aos lugares-comuns de uma dada sociedade), como também os saberes, opiniões e juízos mobilizados no momento da interação autor-texto-leitor.

É claro que a reação do leitor poderá ser de consenso, se ele se enquadrar na imagem dele construída pelo produtor do texto; ou de discordância, se essa imagem estiver equivocada. Não há dúvida, também, de que, se fossem outros o autor, o veículo, os interlocutores e o projeto de dizer do enunciador totalmente diversa seria a (re)construção dos objetos de discurso, em particular do referente em destaque.

Estratégias de referenciação

Na construção dos referentes textuais, estão envolvidas as seguintes **estratégias de referenciação**:

- **Introdução (construção):** um "objeto" até então não mencionado é introduzido no texto, de modo que a expressão linguística que o representa é posta em foco, ficando esse "objeto" saliente no modelo textual. É o caso de uma nova ave, no exemplo 1.

- **Retomada (manutenção):** um "objeto" já presente no texto é reativado por meio de uma forma referencial, de modo que o objeto de discurso permaneça em foco, como acontece com as expressões o bicudinho-do-brejo-paulista; o *Stymphalornissp.nov*; o animal; o pássaro, no exemplo 1.

- **Desfocalização:** quando um novo objeto de discurso é introduzido, passando a ocupar a posição focal. O objeto retirado de foco, contudo, permanece em estado de ativação parcial (*stand by*), ou seja, ele continua disponível para utilização imediata sempre que necessário.

Vejamos mais um exemplo da utilização dessas estratégias no texto a seguir:

Porto

Ana Maria Braga vai se desfazer de dois de seus três barcos.

A apresentadora está procurando comprador para as lanchas Âmbar I, de 47 pés, e Âmbar II, de 52 pés. **Ela** pretende ficar apenas com *Shambhala, o trawler de 85 pés que inclui até* TV *de tela plana na sala de estar. Lanchas com essas dimensões* custam entre R$ 450 mil e R$ 600 mil.

Fonte: *Folha de S.Paulo,* 06 maio 2005.

Legenda

Introdução   Retomada   *Desfocalização*

Dessa maneira, referentes já existentes podem ser, a qualquer momento, modificados ou expandidos, de modo que, durante o processo de compreensão, vai-se criando na memória do leitor ou do ouvinte uma representação extremamente complexa, pelo acréscimo sucessivo de novas categorizações e/ou avaliações acerca do referente.

Formas de introdução de referentes no modelo textual

São de dois tipos **os processos de introdução de referentes textuais**. Para designá-los, pode-se recorrer aos termos **ativação "ancorada"** e **"não-ancorada"**.

A **introdução será não-ancorada** quando um objeto de discurso totalmente novo é introduzido no texto. Quando representado por uma expressão nominal, esta opera uma primeira *categorização* do referente, como foi visto no exemplo 1 (nova espécie de ave).

Tem-se **uma ativação "ancorada"** sempre que um novo objeto de discurso é introduzido no texto, com base em algum tipo de associação com elementos já presentes no cotexto ou no contexto sociocognitivo.

Vejamos o texto a seguir:

Texto 1

Fonte: *O Estado de S.Paulo*, 7 set. 2005.

No último quadrinho da tirinha, foi introduzido um novo referente – o vinho – que associamos aos elementos cotextuais alcoólatra e vício no primeiro quadrinho e ao contexto sociocognitivo.

Estão entre esses casos as chamadas **anáforas indiretas** e **anáforas associativas**, de modo geral.

> **Anáfora** é o mecanismo linguístico por meio do qual se aponta ou remete para elementos presentes no texto ou que são inferíveis a partir deste. Comumente, reserva-se a denominação de **anáfora à remissão para trás** (por ex., Paulo saiu; *ele* foi ao cinema) e de **catáfora, à remissão para frente** (por ex.: Só quero *isto*: que vocês me entendam).

As anáforas indiretas caracterizam-se pelo fato de não existir no cotexto um antecedente explícito, mas, sim, um elemento de relação que se pode denominar de *âncora* e que é decisivo para a interpretação (cf. Koch, 2002).

No exemplo a seguir, analisado por Cavalcante (2004), há um caso de anáfora indireta. Sua interpretação exige do leitor/ouvinte operações mais sofisticadas de ordem conceitual. Vejamos:

Texto 2

> Abro uma antiga mala de velharias e lá encontro minha máscara de esgrima. Emocionante o momento em que púnhamos a máscara – tela tão fina – e nos enfrentávamos mascarados, sem feições. A túnica branca com o coração em relevo no lado esquerdo do peito, "olha esse alvo sem defesa, menina, defenda esse alvo!" – advertia o professor e eu me confundia e o florete do adversário tocava reto no meu coração exposto.

Fonte: Telles, Lygia Fagundes. *A disciplina do amor.* Rio de Janeiro: Rocco, 1998.

A túnica branca com o coração em relevo é um referente novo, que remete às âncoras máscara e esgrima e as reativa, colocando-as novamente em foco, numa recuperação indireta. O mesmo processo se verifica com a anáfora indireta o florete do adversário, que, ao ser ativado, remete também à esgrima, de algum modo refocalizando tal referente. O cenário de aula de esgrima só se configura, porém, ou se confirma realmente, quando da introdução da entidade o professor, com o reforço do predicado advertia e de sua fala, assinalada pelas aspas.

Por sua vez, a **anáfora associativa** introduz um referente novo no texto, por meio da exploração de relações meronímicas, ou seja, todas aquelas em que um dos elementos da relação pode ser considerado, de alguma forma, *ingrediente* do outro, conforme se verifica no exemplo a seguir.

Texto 3

> A fazenda estava abandonada. Dava pena ver o pasto e as lavouras dominadas pelo mato, a porteira derrubada e o velho casarão em ruínas. Nada lembrava a fartura e a riqueza dos bons tempos.

Podem incluir-se, também, entre os casos de **introdução ancorada de novos objetos de discurso**, as chamadas **nominalizações** ou **rotulações**, quando se designa, por meio de um sintagma nominal, um processo ou estado expresso por uma proposição ou proposições precedentes ou subsequentes no texto. A nominalização ou rotulação designa, portanto, o fenômeno pelo qual se transformam enunciados anteriores em objetos de discurso.

Vejamos o texto a seguir:

Texto 4

Fonte: *O Estado de S. Paulo*, 30 ago. 2004

No primeiro quadrinho, temos um exemplo de nominalização todos esses ploblemas, uma expressão nominal que sumariza o que foi dito anteriormente: fome! dívida extelna! habitação! inflação! dívida intelna! segulança!

Introduz-se, assim, um referente novo, encapsulando (sumarizando) a informação difusa no cotexto precedente ou subsequente e representando-a por meio de um sintagma nominal.

> Os **rótulos** podem, portanto, ser **prospectivos** e **retrospectivos**.

No texto a seguir, vamos prestar atenção nos dois referentes em destaque:

Texto 5

> *"Gosto de beber uma cervejinha, falo palavrão e não vou deixar de ter amizade com alguém por ser gay, assim como acredito que o uso da camisinha é importante para prevenir doenças e até mesmo a gravidez", diz Érika Augusto da Silva, 20, cabelos avermelhados, quatro furos na orelha.*
>
> *O depoimento não faria diferença se tivesse sido colhido em um colégio ou numa rave. Mas o ambiente de Érika é outro. Única católica praticante da família, neta de evangélicos, ela frequenta um grupo de jovens católicos há quatro anos e vai à igreja pelo menos duas vezes por semana.*
>
> *Em agosto, pretende realizar um desejo antigo: participar de sua primeira Jornada Mundial da Juventude. [...]*

Fonte: *Folha de S.Paulo,* 10 abr. 2005.

No texto, percebemos que

- o depoimento é um referente que sumariza a informação precedente: Gosto de beber uma cervejinha, falo palavrão e não vou deixar de ter amizade com alguém por ser gay, assim como acredito que o uso da camisinha é importante para prevenir doenças e até mesmo a gravidez.

Trata-se, portanto, de um **rótulo retrospectivo**.

- um desejo antigo é um referente que sumariza a informação subsequente: participar de sua primeira Jornada Mundial da Juventude.

Logo, estamos diante de um **rótulo prospectivo**.

Retomada ou manutenção no modelo textual

A retomada é a operação responsável pela manutenção em foco, no modelo de discurso, de objetos previamente introduzidos, dando origem às cadeias referenciais ou coesivas, que são responsáveis pela progressão referencial do texto.

Pelo fato de o objeto já se encontrar ativado no modelo textual, tal progressão pode realizar-se tanto por meio de recursos de ordem gramatical, como pronomes, elipses, numerais, advérbios locativos (cf. KOCH, 1989, 1997), como por intermédio de recursos de ordem lexical (reiteração de itens lexicais, sinônimos, hiperônimos, nomes genéricos, expressões nominais etc.).

As principais **estratégias de referenciação textual** são, portanto, as seguintes:

Uso de pronomes ou outras formas de valor pronominal
Vejamos um exemplo:

TEXTO 1

> Em uma manhã ensolarada, Heitor encontrou uma linda cachorrinha, pequena e toda branquinha, e deu a ela o nome de Blanche. Todos os dias, perto da hora do almoço, Blanche ficava junto ao portão, esperando Heitor chegar da escola. Ela dava pulos de alegria quando o via.

Fonte: ROSA, Nereide S. Santa e BONITO, Angelo. *Crianças famosas: Villa-Lobos*. São Paulo: Callis, 1994.

A referenciação realizada por intermédio de formas pronominais foi sempre descrita na literatura linguística como pronominalização (anafórica ou catafórica) de elementos cotextuais.

Quando, porém, se trata de texto falado, bem como de textos escritos menos formais, ela possui características próprias: ocorre, com frequência, sem um referente cotextual explícito, como se pode verificar no exemplo seguinte, em que o referente não explícito do pronome eles, que precisa ser inferido, são os membros da equipe do suporte técnico:

Texto 2

> *Magda,*
>
> *Desta parte quem cuida é o suporte técnico.*
>
> *Por favor, envie uma mensagem para eles, apresentando, com clareza, a sua dúvida que prontamente será atendida.*
>
> *[]s Profa. Vanda*

- **Uso de expressões nominais definidas**

As *expressões ou descrições nominais definidas*, formas linguísticas constituídas, minimamente, de um determinante definido (artigo definido ou pronome demonstrativo) seguido de um nome, caracterizam-se por operar uma seleção, dentre as diversas propriedades caracterizadoras de um referente – reais, co(n)textualmente determinadas ou intencionalmente atribuídas pelo locutor –, daquelas que, em dada situação de interação, são relevantes para os propósitos do locutor (Koch 1984, 1989, 1992, 1997).

Isto é, trata-se, na maioria dos casos, da ativação, dentre os conhecimentos pressupostos como partilhados com o(s) interlocutor(es), de características ou traços do referente que o locutor procura ressaltar ou enfatizar segundo suas intenções, conforme se pode perceber nos exemplos a seguir:

Texto 1

> *Uma borboleta bate as asas metálicas sobre o Pentágono e a tempestade dos desertos insurgentes se ergue no Oriente; os aliados dos desgovernos anteriores caem de joelhos e explodem.*
>
> *Quem precisa desses comerciais de heróis e vitórias quando mal entendemos o nosso fracasso? [...]*

Fonte: Bonassi, Fernando. *Folha de S.Paulo*, 21 set. 2004

Vê-se, portanto, que a escolha de determinada descrição definida pode trazer ao leitor/ouvinte informações importantes sobre as opiniões, crenças e atitudes do produtor do texto, auxiliando-o na construção do sentido.

Texto 2

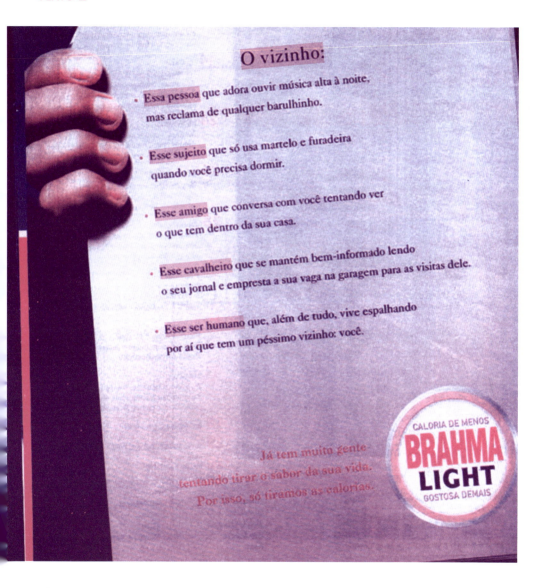

Fonte: Revista *Veja*. São Paulo: Abril, ano 36, n. 42, 22 out. 2003.

Esse exemplo permite verificar que a escolha das expressões definidas, em realce no texto, traz ao leitor/ouvinte informações importantes sobre as opiniões, crenças e atitudes do produtor do texto, auxiliando-o, dessa forma, na construção do sentido.

Por outro lado, ao usar uma expressão definida, o locutor pode também ter o objetivo de dar a conhecer ao interlocutor, com os mais variados propósitos, propriedades ou fatos relativos ao referente que acredita desconhecidos do parceiro, com o intuito de caracterizá-lo de determinada maneira. É o que revelam os exemplos a seguir:

TEXTO 3

Elas estão chegando e vão tomar conta da cidade. Foram feitas em tamanho natural, mas, diferentemente de suas amigas vivas, têm "manchas" inusitadas pelo corpo. As vacas criativas da "CowParade" – pela primeira vez em uma cidade latino-americana – vão pastar pelas ruas de São Paulo a partir deste Domingo (dia 4).

A maior manifestação de arte pública do mundo, realizada pela primeira vez em 1998, em Zurique (Suíça), tem uma boa causa por trás. Depois de fazerem a alegria dos transeuntes até o dia 06 de novembro, as 150 vacas serão leiloadas, e a renda obtida será doada à Fundação Abrinq pelos Direitos da Criança.

Fonte: *Folha de S.Paulo,* 2 a 8 set. 2005. Guia da Folha.

TEXTO 4

O prefeito é especialmente exigente para liberar novos empreendimentos imobiliários, principalmente quando estão localizados na franja da cidade ou em áreas rurais. [...] "O crescimento urbano tem de ser em direção ao centro, ocupando os vazios urbanos e aproveitando a infraestrutura, não na área rural que deve ser preservada", repete o urbanista que entrou no PT em 1981 como militante dos movimentos populares por moradia.

Fonte: Quem matou Toninho do PT? *Caros Amigos, n.* 78, set. 2003, p. 27.

- ## Uso de expressões nominais indefinidas

A referenciação pode dar-se, também, pelo uso de **expressões nominais indefinidas**, com função anafórica (e não, como é mais característico, de introdução de novos referentes textuais). No exemplo a seguir, o referente principal é construído textualmente com as expressões nominais indefinidas: um show, um show em Portugal.

> *Eu lembro de um show, aliás, isto é uma exceção, não sei se é covardia dizer isso agora, porque eu nunca disse para ele. Um show em Portugal que a gente fez, em Coimbra e tal, aqueles estudantes todos e foi um final apoteótico.*

Fonte: Depoimento de Chico Buarque. In: *Vinícius 90 anos.*

Neste capítulo, enfatizamos que a referenciação é uma atividade discursiva e que o processamento textual se dá numa oscilação entre vários movimentos: um para a frente (projetivo) e outro para trás (retrospectivo), representáveis parcialmente pela catáfora e anáfora, respectivamente, além dos movimentos abruptos, fusões, alusões etc.

Assim sendo, longe de se constituir como a soma de elementos novos com outros já postos em etapas posteriores, o texto é um universo de relações sequenciadas, mas não lineares.

7

Funções das expressões nominais referenciais

Muitas pesquisas têm mostrado que **as expressões nominais referenciais** desempenham uma série de **funções cognitivo-discursivas** de grande relevância na construção textual do sentido, dentre as quais se podem destacar as seguintes:

Ativação/reativação na memória

Como formas de remissão a elementos anteriormente apresentados no texto ou sugeridos pelo cotexto precedente, elas possibilitam, como vimos, a sua (re)ativação na memória do interlocutor.

Por outro lado, ao operarem uma **recategorização** ou **refocalização** do referente, ou então, em se tratando de nominalizações, ao encapsularem e rotularem as informações-suporte, elas têm, ao mesmo tempo, **função predicativa**, isto é, **carreiam informação nova**, como vemos no exemplo:

> *O maior transatlântico do mundo atracou no Rio de Janeiro com ameaça de motim a bordo. O problema começou quando foi anunciado o cancelamento de três escalas, do trajeto entre Nova York e Rio de Janeiro, devido à quebra de um dos motores.*

Fonte: *O Estado de S.Paulo*, 29 jan. 2006, Caderno Aliás.

Nesse texto, o problema não só encapsula e rotula o segmento anterior como abre caminho para a continuidade do texto.

Trata-se, pois, de **formas híbridas**, **referenciadoras** e **predicativas**, isto é, veiculadoras não só de informação dada, mas também de informação nova.

Encapsulamento (sumarização) e rotulação

Esta é uma função própria particularmente das **nominalizações**, que, conforme abordado no capítulo anterior, sumarizam as informações contidas em segmentos precedentes do texto (informações-suporte), encapsulando-as sob a forma de uma expressão nominal, isto é, transformando-as em objetos de discurso. Vejamos o exemplo ao lado:

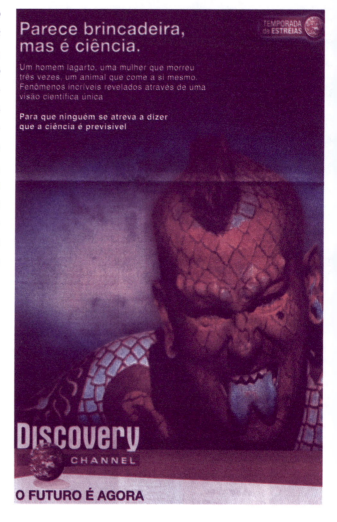

Fonte: *Folha de S.Paulo*, 12 jul. 2005

No texto, vemos que as informações um homem lagarto, uma mulher que morreu três vezes e um animal que come a si mesmo são encapsuladas sob a forma da expressão nominal fenômenos incríveis, transformando-se, portanto, em objeto de discurso.

Os nomes-núcleo dessas expressões são, em grande número dos casos, nomes genéricos, inespecíficos, cujo sentido necessita ser determinado pelo cotexto. Ao rotularem uma parte do cotexto que as precede ou que as segue (x é um fato, um caso, um fenômeno, um acontecimento, uma desgraça, uma hipótese etc.), elas estabelecem um novo referente que, por sua vez, poderá vir a constituir o tema dos enunciados seguintes. Frequentemente, aparecem em início de parágrafos. Vejamos:

Mosca mutante passa bem com pouco sono

Cientistas da Universidade de Wisconsin, nos EUA, descobriram um gene que pode ajudar a determinar quais pessoas são capazes de dormir apenas três ou quatro horas por dia sem adoecer.

O achado explicaria por que a capacidade de dormir pouco aparece em algumas famílias, que carregam uma mutação que perturba os padrões normais de sono. O gene em questão controla canais de íons de potássio nas áreas do cérebro envolvidas no sono.

A descoberta, relatada hoje na revista "Nature", é fruto de um trabalho de quatro anos que estudou os genes de 9.000 moscas-da-fruta e poderá, no futuro, resultar em drogas contra distúrbios do sono.

Fonte: *Folha de S.Paulo,* 19 abr. 2005.

No exemplo, vemos que as **expressões nominais** em destaque – o achado e a descoberta – rotulam uma parte do cotexto precedente, a saber: o fato de os cientistas da Universidade de Wisconsin, nos EUA, descobrirem um gene que pode ajudar a determinar quais pessoas são capazes de dormir apenas três ou quatro horas por dia sem adoecer, estabelecendo, assim, um novo referente no discurso.

Organização macroestrutural

As formas remissivas anteriormente mencionadas têm um papel organizacional importante: elas sinalizam, muitas vezes, que o autor do texto está passando a um estágio seguinte de sua argumentação, por meio do fechamento do anterior, pelo seu encapsulamento em uma forma nominal.

Desse modo, possuem uma importante função na **introdução**, **mudança** ou **desvio de tópico**, bem como de **ligação entre tópicos e subtópicos**. Ou seja, elas introduzem mudanças ou desvios do tópico, preservando, contudo, a continuidade tópica, ao alocarem a informação nova dentro do quadro da informação dada. Dessa forma, são responsáveis simultaneamente pelos dois grandes movimentos de construção textual: **retroação** e **progressão**.

Assim sendo, é comum **as expressões referenciais** efetuarem **a marcação de parágrafos**, contribuindo para a estruturação do texto. Não se trata aqui de parágrafo no sentido tipográfico, mas **no sentido cognitivo do termo**, embora, evidentemente, as duas coisas muitas vezes possam coincidir.

O exemplo a seguir, assim como o anterior, evidencia como as expressões nominais anafóricas podem contribuir para a marcação de parágrafos. Vejamos:

Fraude Escolar

Embora não chegue a ser uma novidade, é deplorável a comercialização fraudulenta de trabalhos acadêmicos retratada em reportagem publicada ontem por esta Folha. Pagando valores que variam de acordo com o grau de complexidade das tarefas, qualquer aluno de pós-graduação pode comprar monografias, dissertações de mestrado e teses de doutorado confeccionadas por terceiros sob encomenda.

Em sua maioria, esses trabalhos são produzidos por profissionais da área acadêmica, agenciados por pequenas empresas especializadas que proliferaram, se beneficiando da expansão da internet. Hoje em dia, é fácil encontrar sites que oferecem trabalhos acadêmicos para todos os perfis de estudantes, aos mais variados preços e sob diversas formas e condições de pagamento.

> *O que causa mais espanto é que, ao que tudo indica, esse ardil muitas vezes garante bons resultados aos alunos, mesmo quando se trata de escolas de reconhecida excelência. Segundo depoimentos, instituições como a FGV do Rio já aprovaram teses produzidas nesses balcões de venda.*
>
> *A disseminação dessa prática é um indício lamentável do papel meramente burocrático e ornamental a que muitas vezes são reduzidas as exigências da carreira acadêmica. Monografias, dissertações e teses, que deveriam ser o resultado da dedicação aos estudos e à pesquisa, se transformam em simples formalidades para a obtenção de títulos que facilitam a inserção dos estudantes no mercado de trabalho.*
>
> *Ainda que a venda desse tipo de trabalhos não seja caracterizada como crime, recorrer a esse gênero de comércio é uma atitude imoral e fraudulenta. Cabe principalmente aos professores dificultar a vida de estudantes que recorrem a expedientes dessa ordem. Afinal, é de supor que uma banca de mestrado ou doutorado que realize sua arguição de modo criterioso seja capaz de detectar se o estudante é ou não o verdadeiro responsável pelo trabalho apresentado.*

Fonte: *Folha de S.Paulo,* 8 nov. 2005.

Atualização de conhecimentos por meio de retomadas realizadas pelo uso de um hiperônimo

O uso de um **hiperônimo** com função anafórica pode ter **a função de retomar um termo pouco usual**, atualizando, assim, os conhecimentos do interlocutor, como se pode ver nos exemplos a seguir:

TEXTO 1

> *Muitos laboratórios estão produzindo microvespas para o controle biológico de pragas. Esses parasitoides atacam os ovos, as lagartas ou as pupas de insetos e pragas, colocando seus ovos dentro do inseto vivo. Ao eclodirem, se alimentam do interior do hospedeiro levando-o à morte. Assim, jovens microvespas saem em busca de mais hospedeiros.*

Fonte: Revista *Discutindo Ciência,* ano 1, n. 2, p. 22.

Texto 2

> *Mais do que expressão de criatividade, os brasileirismos são um hábito nacional que se manteve muito depois que palavras em tupi e guarani fossem incorporadas ao português depois de Cabral. Alguns desses neologismos surgiram da intuição popular, outros por puro impulso nacionalista de uma elite para lá de bacharalesca. Hoje, muitas palavras usuais nem parecem ter certidão de nascimento nacional. Mas são brasileiras da gema!*

Fonte: Revista *Língua Portuguesa,* ano 1, n. 2, p. 62.

Texto 3

> *Você já reparou que os carros modernos são mais arredondados que os de tempos atrás? E os capacetes dos ciclistas, por que será que têm a forma de uma gota? As respostas para essas perguntas só podem sair de uma área da Física que é fundamental na hora de projetar aviões, trens, carros, prédios, torres, pontes, e tudo o que sofre a ação do ar que nos rodeia: a Aerodinâmica. Essa ciência estuda justamente a interação entre os objetos que estão no mundo e os fluidos que os rodeiam, e muitas vezes encontra formas de tirar vantagem disso ou pelo menos minimizar os efeitos dos ventos.*

Fonte: *Revista Discutindo Ciência,* ano 1, n. 2, p. 33.

Especificação por meio da sequência hiperônimo/hipônimo

Trata-se aqui do que se chama ***anáfora especificadora***, que ocorre quando se faz necessário um maior refinamento da categorização. Esse tipo de expressão anafórica é frequentemente introduzida pelo *artigo indefinido*, fato pouco registrado na literatura linguística.

Embora essa sequência seja, de certa forma, condenada pela norma (que prefere a sequência hipônimo/hiperônimo), esse tipo de anáfora permite trazer, de forma compacta, informações novas a respeito do objeto de discurso, como ocorre no exemplo a seguir, em que uma catástrofe, um termo genérico, é especificado, no caso, como uma epidemia de Ebola.

> *Uma catástrofe ameaça uma das últimas colônias de gorilas da África. Uma epidemia de Ebola já matou mais de 300 desses grandes macacos no santuário de Lossi, no noroeste do Congo. Trata-se de uma perda devastadora, pois representa o desaparecimento de um quarto da população de gorilas da reserva.*

Hiperônimos **e** hipônimos **são termos de um mesmo campo de sentido, em que um deles designa o gênero e o outro, a espécie**.

Por exemplo, *flor* é hiperônimo de *rosa, cravo, violeta*, que são seus hipônimos.

Não se trata, porém, de relações absolutas: um termo pode ser hipônimo de um termo mais genérico e hiperônimo em relação a outro mais específico.

Por exemplo, *animal* é hiperônimo de *vertebrado*; *vertebrado* é hipônimo de *animal*, mas é hiperônimo de *mamífero*; *mamífero* é hipônimo em relação a *animal* e a *vertebrado*, mas é hiperônimo em relação a *roedor, ruminante* etc.

De modo esquematizado, temos:

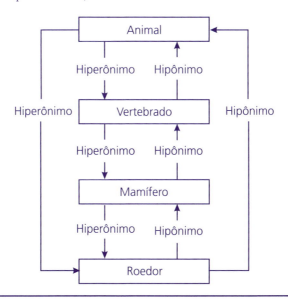

Construção de paráfrases anafóricas definicionais e didáticas

Certas paráfrases realizadas por expressões nominais podem ter por função elaborar definições, como se pode verificar em argonautas, estes tripulantes da nau mitológica Argos, no enunciado a seguir:

> *Vocês já ouviram falar dos argonautas? Pois conta-nos a lenda grega que estes tripulantes da nau mitológica Argos saíram à busca do Velocino de Ouro.*

Exemplos como esse mostram que **as retomadas** aqui discutidas, chamadas de **"definicionais" e "didáticas"**, permitem, inclusive, ao leitor aprender um léxico novo.

Nas **anáforas definicionais**, o ***definiendum* ou o termo técnico a ser definido** é o elemento previamente introduzido, e o *definiens* (definição) é aportado pela forma anafórica. Esta pode vir acompanhada de expressões características da definição, como *um tipo de, uma espécie de* etc.

Vejamos os textos:

TEXTO 1

> *Entre os conjuntos musicais populares do nordeste brasileiro encontram-se, ainda, as bandas de pífaros. É bastante curioso ouvir esta espécie de flautim militar, que produz sons agudos e estridentes.*

Observa-se que a expressão anafórica esta espécie de flautim militar, que produz sons agudos e estridentes define o termo técnico pífaros.

TEXTO 2

> *O novo aliado dos cientistas para deter a lesmaniose visceral tem menos de um milímetro de comprimento, mas é capaz de matar mosquitos que transmitem a doença antes que eles se reproduzam. Trata-se de um verme*

> descoberto por pesquisadores da Fiocruz (Fundação Oswaldo Cruz), que pode se tornar uma arma biológica contra o inseto.
>
> O nematoide (tipo de verme cilíndrico, que ainda nem ganhou seu nome de espécie) foi encontrado pelos biólogos Paulo Pimenta e Nagela Secundino, do Centro de Pesquisa René Rachou, em Belo Horizonte.

Fonte: *Folha de S.Paulo*, 18 jan 2003.

A leitura do texto exige do leitor que estabeleça a relação entre:

- lesmaniose visceral – doença;
- verme – nematoide;
- mosquito – inseto.

Verifica-se que a expressão nominal a doença é definidora do termo técnico lesmaniose visceral.

Por sua vez, a **anáfora didática** apresenta direção inversa: o *definiens* situa-se na expressão introdutora, ao passo que o *definiendum*, muitas vezes entre aspas, aparece na expressão referencial.

Nos textos a seguir, destacamos a expressão introdutora e o termo técnico que a retoma:

Texto 1

> O crescimento da população nos últimos séculos foi impressionante. Até o ano de 1500, cerca de 500 milhões de habitantes povoaram a Terra, número que pulou para nada menos que 1 bilhão em 1830. Esse boom provocou as mais variadas reações.

Fonte: *Revista Discutindo Ciência*, ano 1, n. 2, p. 18.

Texto 2

> Os demônios da floresta
>
> Na Amazônia há clarões dominados por uma só espécie de árvore, a duroia (Duroia hirsuta). São os chamados "jardins do diabo", cultivados por espíritos maus da floresta, segundo a crença dos nativos.

Fonte: Revista *Pesquisa Fapesp*, n. 116, out. 2005, p. 36.

Dessa forma, é possível ao locutor adaptar-se simultaneamente às necessidades de dois públicos distintos. Permitindo definir um termo ou introduzir um vocábulo técnico da maneira mais concisa possível, esse tipo de anáfora torna-se um auxiliar importante dos gêneros didáticos e de divulgação científica.

Introdução de informações novas

Nos textos anteriores, vimos que é bastante frequente a introdução, por meio da anáfora nominal (definida ou indefinida), de novas informações a respeito do referente, com o intuito de caracterizá-lo de determinada maneira. No exemplo a seguir, destacamos as expressões nominais anafóricas que assumem essa função. Vejamos:

Você já operou as amídalas?

Se não o fez, não estranhe se o médico tentar lhe tirar a tonsila palatina.

O ato cirúrgico continua o mesmo, mas o nome do órgão mudou.

Como, aliás, mudarão muito mais. A terminologia anatômica em vigor desde 2001, quando a Sociedade Brasileira de Anatomia traduziu a versão em latim da Nomina Anatomica, ganhará adendos de países como o Brasil num congresso internacional na África do Sul.

Fonte: Revista *Língua Portuguesa,* ano 1, n. 2, 2005, p. 16

Orientação argumentativa

A **orientação argumentativa** pode realizar-se pelo uso de termos ou expressões metafóricas ou não. Trata-se de uma manobra bastante comum, particularmente (mas não apenas) em gêneros opinativos.

A seguir, as expressões anafóricas nominais, em destaque: O machismo paleontológico do presidente da Câmara; a retumbante desinformação (no **texto 1**); um segredo de polichinelo (no **texto 2**), são constitutivas da orientação argumentativa do texto. Vejamos:

Texto 1

Acidente, uma ova!

Quer dizer que o cabra-sarado do Severino considera o estupro um "acidente horrendo"? Sei. Pois, na minha modestíssima opinião, por tudo o que Severino Cavalcanti fez e disse desde que assumiu o terceiro cargo mais importante da República, só podemos concluir que "acidente horrendo", de fato, foi a eleição que o colocou onde está.

O machismo paleontológico do presidente da Câmara só não é maior do que a retumbante desinformação que ele faz questão de alardear.

Com 40 anos de experiência como legislador, ele já deveria saber que, de acordo com a lei, a questão do estupro não se presta a interpretações vãs. Trata-se de uma forma de violência proposital, covarde e brutal.

Severino poderia ter aproveitado para se informar melhor sobre o assunto quando seu colega de partido, o ex-prefeito Paulo Maluf, causou indignação ao pronunciar a famigerada frase: "Estupra, mas não mata".

E é bom que soubesse que chamar qualquer forma de violência de "acidente" é um recurso muito utilizado por canalhas.

Ainda devem estar frescas na memória do leitor as imagens gravadas em 27 de fevereiro, nas câmeras do circuito interno de segurança de um supermercado de Sobral (CE), em que um juiz, aparentemente embriagado, dispara um tiro à queima-roupa contra um vigia indefeso.

Pois esse cidadão também se valeu do manjado eufemismo para justificar a violência cometida.

Em depoimento à Justiça, o juiz Pedro Percy Barbosa Araújo disse o seguinte: "O vigia me destratou [...] tentei chamar a polícia e o adverti de que poderia prendê-lo. Em seguida, houve um bate-boca e a arma acabou disparando acidentalmente".

Fonte: Gancia, Barbara. *Folha de S.Paulo,* 6 maio 2005.

Texto 2

O Candidato Lula

Em entrevista concedida a emissoras de rádio na quinta-feira, o presidente Luiz Inácio Lula da Silva voltou a insistir que ainda não definiu se será ou não

> *candidato à reeleição. Trata-se de* um segredo de polichinelo*. A candidatura de Lula é tida como certa no meio político e seu comportamento tem confirmado amplamente essa avaliação.*

Fonte: *Folha de S.Paulo,* 27 nov. 2005.

Categorização metaenunciativa de um ato de enunciação

O uso de expressões nominais permite, muitas vezes, realizar não uma sumarização e/ou recategorização do conteúdo da predicação precedente, mas a categorização e/ou avaliação da própria enunciação realizada. Nos textos apresentados a seguir, **as expressões nominais** que funcionam como formas **metalinguísticas** ou **metadiscursivas** estão em destaque. Observemos os textos 1 e 2:

> **Categorização metaenunciativa:** existem rótulos que encapsulam o conteúdo de um segmento textual, nomeando-o como *fato, acontecimento, situação, cena, ato, evento* etc. Outros, porém, ao encapsularem conteúdos antecedentes ou subsequentes,
> - classificam-nos (categorizam-nos) como certo tipo de ação ou atitude atribuída à pessoa que os produziu (*declaração, advertência, promessa; reflexão, comentário, avaliação* etc.);
> - nomeiam a entidade linguística por meio da qual esse conteúdo foi realizado (frase, sentença, parágrafo);
> - constituem uma reflexão do produtor do texto sobre seu próprio dizer ou sobre o dizer do outro, caso em que, frequentemente, ocorre o uso de aspas para designar esse distanciamento, não concordância, ironia.
> É a esse fenômeno que se denomina *categorização metaenunciativa.*

TEXTO 1

> *Rio São Francisco, lembra? Aquele da greve de fome do bispo, iniciada contra o projeto de transposição de suas águas para dois canais com centenas de quilômetros de concreto varando a caatinga. Coisa velha de meses, parece, tanto é que sumiu do noticiário – onde aliás só despontou com a atitude tresloucada do prelado.*
>
> *Pois faz apenas um mês que dom Luís Flávio Cappio, o bispo franciscano, interrompeu sua greve de fome, fiando-se na* promessa *do governo federal de que prolongaria e aprofundaria* o debate *público. Findo* o protesto,

minguou também *a discussão* frenética de pouco mais de uma semana, como qualquer um poderia prever.

O Velho Chico, enquanto isso, continua seu curso em direção à morte lenta e segura. Ciro Gomes, ministro da Integração Nacional, continua a martelar a história – até parecer verdade inquestionável – de que a transposição vai beneficiar 12 milhões de brasileiros, não por acaso na região em que nasceu para a política. Ainda desencavou manchetes com sua insistência em começar a torrar os R$ 4,5 bilhões, mas a fonte de notícias secou como os rios de sua terra.

Fonte: LEITE, Marcelo. *Folha de S.Paulo*, 6 nov. 2005.

TEXTO 2

Responda, se puder

Você é feliz? A essa pergunta, tão curta e aparentemente tão simples, ninguém responde rápido, nem que sim nem que não.

A resposta costuma ser do tipo "bem, quando penso na situação da maioria dos brasileiros, não dá para dizer que eu seja infeliz". Não foi essa a pergunta, as pessoas sempre se enrolam.

É difícil mesmo dizer, até porque a felicidade sempre é coisa do passado ou do futuro – depois que o apartamento for comprado, quando as férias chegarem, a filha se casar, quando arranjar um namorado ou conseguir se separar, ah como foi boa aquela viagem. Sempre antes ou depois [...].

Fonte: LEÃO, Danuza. *Folha de S.Paulo*, 1 maio 2005.

Como vimos, as **expressões referenciais** são **multifuncionais**: indicam pontos de vista, assinalam direções argumentativas, sinalizam dificuldades de acesso ao referente, recategorizam os objetos presentes na memória discursiva.

Assim, é fácil perceber, pela variedade de funções que podem exercer, a importância das formas referenciais **na progressão textual** e **na construção do sentido** dos textos que produzimos ou que procuramos compreender.

8
Sequenciação textual

Chama-se **sequenciação textual** aos diversos tipos de atividades realizadas pelo produtor para fazer o texto progredir, mantendo o fio discursivo.

Sequenciação com recorrências

A sequenciação pode realizar-se com ou sem elementos recorrentes (reiteração de formas linguísticas). No primeiro caso, manifestam-se, na progressão textual, tipos variados de recorrências, entre as quais se podem destacar:

Recorrência de termos

Consiste na reiteração de um mesmo item lexical, como nos textos a seguir:

Texto 1

Fonte: *Folha de S.Paulo,* 19 ago. 2005.

Texto 2

Caro amigo,

Experimenta, experimenta.

Diretoria do Grupo Schincariol

P.S.: Experimenta.

Fonte: Revista *Veja,* São Paulo: Abril, set. 2003.

Note-se que, mesmo no caso da repetição de termos, não existe jamais uma identidade total entre os elementos recorrentes, ou seja, a sua reiteração traz consigo o acréscimo de novas instruções de sentido.

Veja-se a diferença entre

Eu escuto

Eu escuto, escuto, escuto, escuto...

ou entre

Experimenta

Experimenta, experimenta, experimenta...

Recorrência de estruturas: paralelismo sintático

A progressão constrói-se, nesse caso, com a utilização de uma mesma estrutura sintática, preenchida a cada vez com itens lexicais diferentes. O paralelismo sintático é, frequentemente, acompanhado de um paralelismo rítmico ou similicadência. Muito comum na poesia, é encontrado também principalmente na prosa, sobretudo com função retórica ou persuasiva.

Observe-se o texto abaixo:

Texto 1

Felicidade não se compra. Nem mesmo pela internet

Sofá de dois lugares, seminovo: produtos como esse podem sair de sua casa e serem vendidos com a ajuda da internet. Folha Informática, 23.mar.2005.

Ele adorava o sofá de dois lugares que estava no living. A mulher odiava o sofá de dois lugares que estava no living. Ele adorava o sofá de dois lugares que estava no living porque era ali que, todas as noites, se instalava para assistir a TV até altas horas. A mulher odiava o sofá de dois lugares que estava no living porque era ali que, todas as noites, o marido se instalava para assistir a TV até altas horas. E, vendo TV, o marido não queria fazer programas, não queria passear, não queria nem conversar. Em desespero, ela ameaça vender o sofá por qualquer preço.

> *O marido não acreditava. Porque a mulher não tinha jeito para negociar. Não sabia falar com as pessoas, não sabia apresentar seu produto. Se dependesse de sua habilidade para a venda, o sofá de dois lugares permaneceria no living por muitos e muitos anos. De modo que ele ficou muito surpreso quando, voltando do trabalho, não encontrou o sofá. Vendi, disse a mulher, triunfante. Ele não quis acreditar, achou que fosse brincadeira. Ela explicou: graças à internet, tinha vendido a uma pessoa que nem conhecia, que enviara um portador para entregar o dinheiro e levar o sofá.*

Fonte: SCLIAR, Moacyr. *Folha de S.Paulo,* 28 mar. 2005.

No texto, destacam-se vários trechos marcados pelo **paralelismo sintático,** ou seja, pela utilização de uma mesma estrutura sintática, preenchida a cada vez com itens lexicais diferentes. Vejamos:

Ele	*adorava*	*o sofá de dois lugares que estava no living.*
A mulher	*odiava*	*o sofá de dois lugares que estava no living.*

Ele adorava o sofá de dois lugares que estava no living porque era ali que, todas as noites, se instalava para assistir a TV até altas horas.

A mulher odiava o sofá de dois lugares que estava no living porque era ali que, todas as noites, o marido se instalava para assistir a TV até altas horas.

E, vendo TV, o marido	*não queria fazer programas,*
	não queria passear,
	não queria nem conversar

Recorrência de conteúdos semânticos: paráfrase

Se, no paralelismo, há recorrência de estruturas sintáticas preenchidas com elementos lexicais diferentes, tem-se, na paráfrase, um mesmo conteúdo semântico apresentado sob formas estruturais diferentes.

Cabe ressaltar, porém, que, do mesmo modo que na recorrência de termos, a cada reapresentação do conteúdo, ele sofre alguma alteração, que pode consistir, muitas vezes, em ajustamento, reformulação, desenvolvimento, síntese ou precisão maior do conteúdo que está sendo reapresentado.

Cada língua possui uma série de expressões linguísticas introdutoras de paráfrases, tais como: *isto é*, *ou seja*, *quer dizer*, *ou melhor*, *em outras palavras*, *em síntese*, *em resumo*.

Vejamos nos três textos a seguir a paráfrase introduzida pelas expressões linguísticas em destaque:

Texto 1

A fênix é um pássaro das Arábias.
Não morre nunca. Ou melhor:
Morre muitas vezes, queimada no fogo,
e cada vez renasce das cinzas.

Fonte: Nestrovski, Arthur. *Bichos que existem e bichos que não existem.* São Paulo: Cosac & Naify, 2002.

Texto 2

Acho que uma das primeiras aventuras de Pedro Malasartes foi quando ele foi tomar conta dos porcos de uma fazenda muito grande, de um fazendeiro muito rico e muito sovina.

Quer dizer, no começo Malasartes não tomava conta dos porcos, não. Trabalhava na colheita.

Fonte: Machado, Ana Maria. *Histórias à brasileira. Pedro Malasartes e outras.* São Paulo: Companhia das Letrinhas, 2004, p 11.

Texto 3

O menino Fernando, de 4 anos, vinha brincando e pulando, esperto como sempre, pelo canteiro central de uma movimentada avenida de São Paulo, ao cair da tarde do domingo 18, quando, num passo em falso, caiu num buraco. Ou melhor, não propriamente num buraco, mas num bueiro.

Ou, melhor ainda, nem bem num bueiro, mas numa espécie de poço. A mãe, que vinha com ele, viu o menino desaparecer debaixo do chão. Fernando foi tragado para o reino sombrio das galerias subterrâneas de água da cidade.

Fonte: Toledo, Roberto Pompeu de. Revista *Veja.* São Paulo: Abril, 28 set. 2005, p. 134.

Recorrência de recursos fonológicos segmentais e/ou suprassegmentais

Tem-se, no caso, a existência, quer no interior do enunciado, quer em enunciados sucessivos, de uma **invariante fonológica**, como, por exemplo, igualdade de *metro*, *ritmo*, *rima*, *assonâncias*, *aliterações* etc.

No texto a seguir, notamos a semelhança de sons em palavras próximas (assonância). Vejamos:

Antonio Cícero[*]

Guardar uma coisa é olhá-la, fitá-la, mirá-la por admirá-la, isto é, iluminá-la ou ser por ela iluminado. Guardar uma coisa é vigiá-la, isto é, fazer vigília por ela, isto é, estar por ela ou ser por ela.

[*] 1945, autor do poema *Guardar*, do livro Os Cem Melhores Poemas Brasileiros do Século (Objetiva).

Fonte: CÍCERO, Antonio. *Os cem melhores poemas brasileiros do século*. São Paulo: Objetiva, 1945.

Recorrência de tempo e aspecto verbal

A recorrência, na progressão textual, de um mesmo **tempo verbal** pode indicar ao leitor/ouvinte:

- se a sequência deve ser interpretada como comentário (quando o autor critica, opina, assume a responsabilidade daquilo que diz) ou como relato (quando não há um engajamento, pelo menos mais ostensivo, do narrador com aquilo que narra);
- se a perspectiva é retrospectiva, prospectiva ou zero;
- se o segmento em que ocorre pertence ao primeiro ou segundo plano (figura *vs.* fundo) no relato.

Os **tempos verbais** pertencem a dois grandes grupos: os que **servem para narrar** e os que **servem para comentar, opinar**. Em cada um desses grupos, há **o(s) tempo(s) básico(s), que não expressam perspectiva**, apenas sinalizam que se trata de relato ou comentário; e outros, com **perspectiva retrospectiva** (para eventos anteriores ao tempo-base) e **prospectiva** (para eventos posteriores ao tempo base).

No **grupo dos tempos da narrativa,** há **dois tempos-base**: o pretérito perfeito e o pretérito imperfeito do indicativo: **o perfeito indica o primeiro plano,** ou seja, as ações propriamente ditas, que fazem a narrativa avançar; e o **imperfeito assinala o segundo plano ou plano de fundo** (caracterização do espaço e das personagens da narrativa).

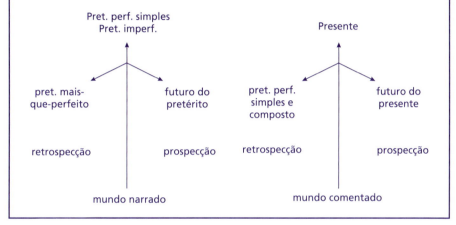

Vejamos o texto:

Texto 1

A fantasia dele era de nada. Camisa florida, bermuda, finalmente um brasileiro. Ela estava com um grupo. Primos, amigos dos primos. Todos vagamente bávaros. Quando ela o apresentou ao grupo, alguém disse "Píndaro"?! e todos caíram na risada.

Fonte: Veríssimo, Luiz Fernando. "Conto de verão n. 2: bandeira branca" In: Strausz, Rosa Amanda (org). *Os 13 dos melhores contos de amor da literatura brasileira*. Rio de Janeiro: Ediouro, 2003, p. 77.

Na primeira parte, tem-se a recorrência do mesmo tempo verbal – o imperfeito do indicativo, que indica ao leitor que se trata do segundo plano de uma narrativa.

> *A fantasia dele era de nada. Camisa florida, bermuda, finalmente um brasileiro. Ela estava com um grupo. Primos, amigos dos primos. Todos vagamente bávaros.*

Quando ocorre a mudança do imperfeito para o perfeito do indicativo, assinala-se a mudança de perspectiva, isto é, passa-se ao primeiro plano do relato, o da ação propriamente dita.

> *Quando ela o apresentou ao grupo, alguém disse "Píndaro"?! e todos caíram na risada.*

Por outro lado, uma sequência de verbos nos tempos do pretérito (perfeito, imperfeito, mais-que-perfeito e seus compostos) assinala que se trata de **uma narrativa ou relato**. Veja-se o texto:

TEXTO 2

> *Chamava-se Fernando. Era um menino muito gordo. Gordo e travesso. Travesso e brigão. Ninguém em casa podia com a vida dele. Fernando pisava no rabo do gato. Jogava água quente no cachorro. Atirava pedras nas galinhas. Fazia o diabo. Era respondão. Gostava de arranhar a cara da cozinheira e de botar a língua para os mais velhos.*

Fonte: VERÍSSIMO, Érico. *As aventuras do avião vermelho.* São Paulo: Companhia das Letrinhas, 2003, p. 3.

Ainda vale destacar que uma sequência de formas no presente ou futuro do presente, bem como no pretérito perfeito com valor retrospectivo em relação ao presente, além dos tempos compostos com eles formados, assinala que se trata de **um comentário**. Veja-se o texto:

TEXTO 3

> *Tênis é de lona e borracha. Cueca é de pano e elástico. Caderno é de arame e folha de papel. Televisão é de plástico com uma antena em cima e uma tela na frente.*
>
> *Casa é feita de telhado, parede, piso, porta e janela. Vaca é de couro, chifre e quatro tetas pingando leite.*

> Cachorro é um ônibus peludo cheio de pulgas. Ser humano é feito de carne, osso, coração e ideias na cabeça.
>
> E o mundo em que vivemos?
>
> O mundo é um monte de terra cercada de água por todos os lados.
>
> A água é o mar, o rio, o lago, a chuva, a poça, a lágrima e o cuspe.
>
> A terra é a terra mesmo.
>
> Tem gente que pensa que terra só serve para cavar buraco no chão, para ser hotel de minhoca, para enfiar poste de luz ou então para sujar o pé de lama em dia de chuva, mas não é nada disso.

Fonte: "Se a terra não existisse, a gente pisava onde?", Revista *do Professor Escola*. São Paulo: Abril, vol. 1, nov. 2005, pp.18-19.

Sequenciação sem recorrências

Os mecanismos que vamos examinar nesta seção constituem-se em fatores de coesão textual na medida em que garantem a continuidade do tema, o estabelecimento de relações semânticas e/ou pragmáticas entre segmentos maiores ou menores do texto, a ordenação e articulação de sequências textuais. Enquadram-se, pois, entre tais procedimentos, os seguintes:

Procedimentos de manutenção temática

A manutenção do tema do texto, um dos requisitos indispensáveis da coerência, é garantida muitas vezes pelo uso de termos pertencentes a um mesmo campo lexical.

Veja-se o texto a seguir:

Texto 1

Fonte: *Folha de S.Paulo,* 3 mar. 2005.

Na leitura do texto, destaca-se o uso de palavras e expressões da nossa língua usadas em previsões sobre o tempo, publicadas em jornais ou noticiadas na TV: faça chuva, faça sol, meteorologia, meteorologistas, variações climáticas, dia com céu aberto. A mensagem de felicitação aos meteorologistas foi constituída por palavras e expressões relacionadas ao campo de atuação desses profissionais.

Por intermédio desses termos, um *"frame"* (quadro, esquema cognitivo) é ativado na memória do leitor/ouvinte, de modo que outros elementos do texto sejam interpretados dentro desse quadro, o que permite, por exemplo, desfazer ambiguidades e avançar perspectivas sobre o que deve vir em sequência no texto.

Progressão temática

Na sequenciação do texto, assume vital importância o modo como se opera a progressão temática.

Do ponto de vista funcional, a organização e hierarquização das unidades semânticas do texto concretiza-se através de dois blocos comunicativos, que têm sido denominados *tema* (tópico) e *rema* (comentário).

Considera-se **tema** do enunciado aquilo que se toma como base da comunicação, aquilo de que se fala; e **rema**, o cerne da contribuição, aquilo que se diz a respeito do tema. O **tema** é, em geral, informação dada, já conhecida do interlocutor ou facilmente inferível por ele a partir do co(n)texto, ao passo que o **rema** carreia a informação nova, aquela que é introduzida no texto pela primeira vez.

As noções de **tema** e **rema** não se confundem com as de sujeito e predicado, embora possam coincidir. Vejamos os exemplos:

No enunciado:

O tema e o sujeito (as gotas de orvalho); o rema e o predicado (brilhavam ao sol) coincidem.

Mas, no enunciado:

O termo No Brasil não pode ser sujeito: trata-se, na verdade, do **tema** ou **tópico** do enunciado, sobre o qual algo está sendo dito.

Portanto, o **tema** é o suporte de uma predicação, quer seja ou não sujeito do enunciado, e o **rema** é toda a informação trazida sobre o tema, podendo incluir o sujeito da oração.

A **progressão temática** diz respeito ao modo como se encadeiam os temas e remas em frases sucessivas.

DANES (1970), linguista filiado à Escola Funcionalista de Praga, propôs uma classificação das formas de progressão temática, conforme veremos a seguir.

Progressão temática linear – quando o rema de um enunciado passa a tema do enunciado seguinte, o rema deste passa a tema do seguinte, e assim sucessivamente. É uma forma de sequenciação bastante comum.

No exemplo abaixo, o **rema** passa a **tema** do enunciado seguinte.

> As epopeias são narrativas míticas. Nessas narrativas há sempre um herói. O herói realiza uma série de peripécias. O êxito dessas peripécias depende quase sempre do auxílio de alguma divindade. Tais divindades possuem sentimentos e preferências iguais às dos humanos.

Para entender melhor a explicação, veja o esquema a seguir:

Esquema — progressão temática linear

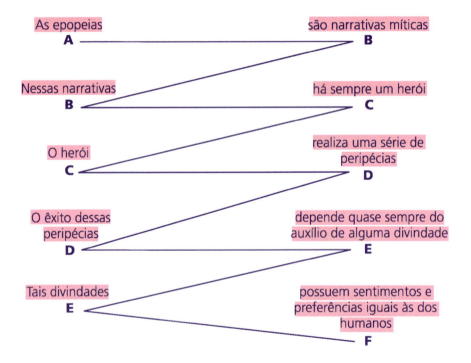

- **Progressão temática com tema constante** em que, a um mesmo tema, são acrescentadas, em cada enunciado, novas informações remáticas.

No exemplo a seguir, verificamos que o tema marsupiais se mantém e a ele são acrescentados novos remas, à medida que o texto progride.

> Marsupiais são animais vertebrados e quadrúpedes. Pertencem à classe dos mamíferos. Sua característica específica é o fato de possuírem um órgão em forma de bolsa onde os filhotes permanecem até se desenvolverem completamente. Esses animais, assim como a maioria dos mamíferos, não são capazes de identificar todas as variações de cores que os seres humanos são capazes de enxergar.

Fonte: *Boletim da FAPESP,* 5 nov. 2004.

Esquema — progressão temática com tema constante

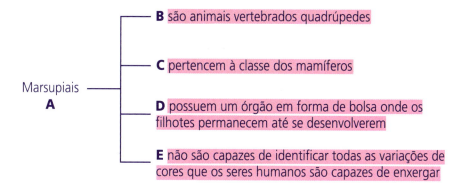

- **Progressão com temas derivados** – quando, de um "hipertema", se derivam temas parciais.

> As bacias hidrográficas brasileiras são extensas e, em sua maior parte, navegáveis. A Bacia Amazônica ocupa toda a região norte, estendendo-se por parte da região Centro-Oeste. A do São Francisco, o "Rio da Unidade Nacional", nasce em Minas, atravessa Minas e Bahia e separa Bahia de Pernambuco e Alagoas e Alagoas de Sergipe. A bacia Platina é constituída pelos rios Paraná, Paraguai e Uruguai, que juntos formam o estuário do Prata.

Esquema – progressão com temas variados

- **Progressão por desenvolvimento de um rema subdividido** – desenvolvimento das partes de um rema superordenado.

> A frota de Vasco da Gama era constituída por quatro embarcações: duas naus, uma caravela e uma naveta de mantimentos. A nau São Gabriel era comandada por Vasco da Gama. A nau São Rafael estava sob a chefia de seu irmão, Paulo da Gama. Nicolau Coelho era o capitão da caravela Bérrio. A navegação de mantimentos foi esvaziada de seu conteúdo e queimada ao longo da viagem [...].

Fonte: Bueno, Eduardo. *A Viagem do descobrimento: a verdadeira história da expedição de Cabral*. Rio de Janeiro: Objetiva, 1988, p. 86.

Esquema – progressão por desenvolvimento de um rema subdividido

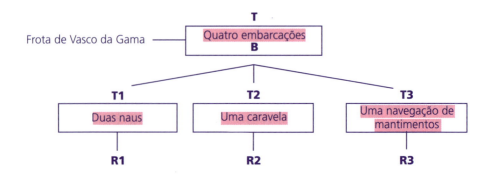

Esses tipos de progressão aparecem, em geral, combinados nos textos. Só raramente se tem um texto em que aparece uma só forma de progressão.

A progressão denominada *linear,* além de ocorrer muito frequentemente entre sequências contínuas de enunciados, é usada também em larga escala na ordenação de parágrafos, composições textuais mais amplas, estrofes de poemas e capítulos de livros.

Vejamos um exemplo da **progressão linear** no gênero textual anúncio:

A COELHO DA FONSECA VENDE MAIS IMÓVEIS NOVOS E USADOS PORQUE TEM SEMPRE EXCELENTES OFERTAS. TEM SEMPRE EXCELENTES OFERTAS PORQUE TRABALHA COM OS MELHORES CONSTRUTORES EINCORPORADORES. TRABALHA COM OS MELHORES CONSTRUTORES E INCORPORADORES PORQUE TEM PROFISSIONAIS QUECONHECEM TUDO SOBRE MERCADO IMOBILIÁRIO.TEM PROFISSIONAIS QUE CONHECEM TUDO SOBRE O MERCADO PORQUE RESPEITA

O CONSUMIDOR.

E RESPEITAR O

CONSUMIDOR

DÁ NISSO:

30 anos de sucesso

hoje, 21 de março de 2005

Fonte: *Folha de S.Paulo,* 21 mar. 2005.

Encadeamento

> Chamamos de **encadeamento** o inter-relacionamento de enunciados sucessivos, com ou sem elementos explícitos de ligação. Portanto, podemos ter **encadeamentos por justaposição** (sem a presença do articulador) e **por conexão** (quando o conector está presente no texto).

Encadeamento por justaposição

Os tipos de relações semânticas e pragmático-discursivas que se podem estabelecer quando do encadeamento de enunciados vão muito além daqueles que estão registrados em nossas gramáticas.

Uma das tônicas do período inicial da Linguística Textual, na Alemanha, foi justamente o estudo dos encadeamentos por simples justaposição. ISENBERG (1968), por exemplo, para quem a interpretação desses enunciados só é explicável por uma teoria linguística do texto, distingue formas de *textualização,* que serão apresentados e exemplificados a seguir:

Conexão causal

> *O barranco desmoronou. As chuvas desta noite foram muito violentas.*

Conexão de motivos

> *Mariana foi à cidade. Precisava comprar materiais para o trabalho.*

Interpretação diagnóstica

> *Fez muito frio durante a noite. Parte das plantações está queimada.*

Especificação

> *A violência no futebol aumenta a cada dia. Ontem foram mortos dois torcedores.*

Agrupamento metalinguístico

> *Torcedores mortos no campo de futebol. Crianças assassinadas na porta das escolas. Traficantes presos vendendo drogas à luz do dia. Esse é o triste retrato das grandes cidades brasileiras.*

Conexão temporal

O orador sobe ao púlpito. Ouvem-se murmúrios no auditório. Ele começa seu discurso, com violentos ataques à oposição. Os adversários se revoltam. O orador é obrigado a sair do local debaixo de uma chuva de impropérios.

Conexão de pressupostos

Maria comprou o DVD que desejava. Alguém deve ter-lhe dado a quantia necessária.

Contraste adversativo

Marcelo é um rapaz muito esforçado. Seu irmão, ao contrário, é vadio e displicente.

Comentário

Em nosso país, a distribuição de renda continua cada vez mais injusta. É uma vergonha.

Confronto/comparação

Ana usa saias curtas. Maria as usa largas demais.

Correção/retificação

Márcia convidou Jorge para ir ao cinema. Não, foi Jorge que convidou Márcia.

Também LANG (1971) mostra que, em muitos casos, a interpretação de um texto só é possível quando se considera a existência de um elo entre enunciados, não explícito no texto, mas explicitável a partir dele.

O autor discute os seguintes exemplos:

(1) Geou e as flores estão congeladas.

(2) As flores estão congeladas porque geou.

(3) Geou, pois as flores estão congeladas.

Enquanto em (1) e (2) há uma relação causal entre os dois enunciados, em (3), o segundo enunciado contém uma inferência indutiva, que ele denomina "interpretação diagnóstica", já que é preciso inserir entre os dois enunciados o elo *concluo que*. A forma linguística explícita seria:

> *As flores estão congeladas. Concluo que deve ter geado.*

Da mesma forma, em:

> *Suma daqui, que estou cansado!*

O segundo enunciado estabelece relação com a ordem implícita (**performativo implícito**) contida no primeiro, apresentando para ela uma justificativa:

> *Porque estou cansado, ordeno-te que sumas daqui.*

> **Performativo** é o verbo que expressa a ação de linguagem que se pretende realizar, ou seja, explicita a força ilocucionária. Por exemplo: *Eu ordeno* que você se cale; *Eu pergunto* se você está de acordo.
> Temos um **performativo implícito** nos casos em que esse verbo não vem expresso no enunciado: Cale-se!; Você está de acordo?

A justaposição, contudo, não se restringe aos tipos anteriormente mencionados já que pode ser realizada também com o uso de elementos de articulação temporais, espaciais, lógico-semânticos e discursivos que não constituam conectores propriamente ditos (cf. KOCH, 1989, 1992, 2002).

É o caso dos exemplos:

> *O casal brigava muito e acabaram se separando. Durante muito tempo, ficaram sem se ver. Certo dia, porém, encontraram-se casualmente numa recepção. Poucos dias depois, estavam novamente juntos.*

> *Caminhávamos pela estrada deserta. De um lado, plantações estendiam-se a perder de vista. Do outro lado, um bosque cerrado impedia a visão. À nossa frente, só terra e pó.*

> *O prefeito andava sempre doente. Por essa razão, o município encontrava-se praticamente abandonado.*

> *O reitor não compareceu à manifestação.* <mark>Com toda a certeza</mark>, *estava tentando esquivar-se das críticas.*

Encadeamento por conexão

> **O encadeamento por conexão** ocorre quando do uso de conectores dos mais diversos tipos. Também neste caso, **as relações** estabelecidas entre enunciados podem ser **de cunho lógico-semântico** ou **discursivo-argumentativo** (c.b. Koch, 1984, 1987, 1989, 1992, 2002).

Contemplam-se, aqui, não apenas **as conjunções** propriamente ditas (registradas em nossas gramáticas tradicionais), mas também **locuções conjuntivas**, **prepositivas** e **adverbiais** que têm por função interconectar enunciados.

São exemplos de **relações lógico-semânticas**:

Causalidade

> *Nosso candidato foi derrotado* <mark>porque</mark> *houve infidelidade partidária.*

> *Nosso time lutou* <mark>tanto que</mark> *acabou vencendo o jogo.*

Visto que a relação de causalidade é bipolar, ou seja, encerra necessariamente dois elementos – a causa e a consequência – tanto o primeiro como o segundo são expressões da causalidade. A diferença, portanto, é apenas de ordem sintática, estrutural (c.b. Koch, 1989, 1987, 2002).

Mediação (causalidade intencional)

> *Farei o que estiver ao meu alcance* <mark>para que</mark> *nosso plano seja coroado de sucesso.*

Condicionalidade

> <mark>Se</mark> *os resultados forem positivos, poderemos pedir prorrogação do prazo para a pesquisa.*

Temporalidade

Quando você chegar ao aeroporto, avise-me, que irei buscá-la. *(tempo pontual)*

Depois que você terminar o serviço, venha até aqui. *(tempo posterior)*

Antes que chova, vou recolher as roupas que estão no varal. *(tempo anterior)*

Enquanto você termina o trabalho, vou regar as plantas. *(tempo simultâneo)*

À proporção que os recursos forem chegando, faremos os investimentos necessários. *(tempo progressivo)*

Conformidade

Os investimentos deverão ser feitos *conforme* o programa preestabelecido.

Disjunção

Ontem a seleção brasileira enfrentou a Argentina. Ganhamos? *Ou* perdemos?

Modo

Ela foi-se achegando de mansinho, *como* querendo refúgio nos seus braços.

A distinção entre **relações lógico-semânticas** e **discursivo-argumentativas** tem sua origem nos trabalhos de Ducrot (1972, 1973, 1976, 1980, entre outros).

Por meio **das relações discursivo-argumentativas**, encadeiam-se não conteúdos (estados de coisas de que falam os enunciados anteriormente apresentados), mas **atos de fala, em que se enunciam argumentos a favor de determinadas conclusões**. Ou seja: ocorre um primeiro ato de fala, que poderia ser realizado de forma independente, e acrescenta-se outro ato, que visa a justificar, explicar, atenuar, contraditar etc. o primeiro. Entre essas relações, podem-se destacar as seguintes:

Conjunção (soma) de argumentos

> A equipe brasileira deverá vencer a competição. Não só possui os melhores atletas, como também o técnico é dos mais competentes. Além disso, tem treinado bastante e está sendo apontada pela imprensa como a favorita.

Disjunção argumentativa *(tem o efeito de uma provocação/concla-mação do interlocutor a uma concordância)*

> Acho que você deve reivindicar o que lhe é devido. Ou vai continuar se omitindo?

Justificação ou explicação *(por meio de um novo ato de fala, justifica-se ou explica-se a própria enunciação de um ato de fala anterior (e não simplesmente seu conteúdo proposicional)*

> Prefiro não sair, pois estou um pouco gripada.

> Vá ver o filme, que você vai gostar!

Comparação *(em que se estabelece um confronto entre dois elementos, tendo em vista determinada meta a ser alcançada)*

> Acho que não há necessidade de convocar o Plínio. O Mário é tão competente quanto ele.

Note-se que, embora o nível de competência de ambos possa ser o mesmo, o enunciado apresenta-se como argumento a favor de Mário.

Conclusão *(a partir de uma premissa maior geralmente implícita e de uma premissa menor explícita, extrai-se uma conclusão. Visto que a premissa maior permanece implícita, ela pode conter um sofisma, capaz de levar o interlocutor a aceitá-la sem maior reflexão)*

No exemplo a seguir, o fato de ter enviado toda a documentação necessária **não** é garantia de aprovação do projeto.

> Já enviamos a documentação necessária. Portanto, podemos contar com a aprovação do projeto.

Comprovação *(o locutor apresenta provas de que sua asserção é verdadeira)*

> A sessão foi muito demorada. Tanto que a maior parte dos presentes começou a retirar-se.

Generalização

> Lúcia ainda não sabe que carreira pretende seguir. Aliás, é o que está acontecendo com grande número de jovens na fase pré-vestibular.

Modalização da força ilocucionária

> Vou entregar hoje os resultados da perícia. Ou melhor, vou fazer o possível.

Correção

> O professor não me parece muito compreensivo. De fato (na verdade, pelo contrário), acho que deve ser rigorosíssimo.

Reparação

> Irei a sua festa de aniversário. Isto é, se eu for convidado.

Especificação ou exemplificação

> Muitos de nossos alunos estão desenvolvendo pesquisas no exterior. Por exemplo (a saber), Mariana está na França e Marcelo, na Alemanha.

> Ao falarmos, estamos sempre realizando determinada ação: afirmar, prometer, jurar, aconselhar, advertir etc. O termo **força ilocucionária** designa o tipo de ato que se realiza quando se produz um enunciado: promessa, juramento, pergunta, advertência, conselho, ameaça, asserção etc.

Contrajunção *(oposição, contraste de argumentos)*

A contrajunção estabelece-se não apenas entre segmentos sucessivos, mas também entre sequências mais distantes uma da outra, entre parágrafos ou porções maiores do texto e mesmo entre conteúdos explícitos e implícitos, como se pode ver a seguir:

> Lutou arduamente durante toda a vida. Mas não conseguiu realizar o seu projeto.

> O jovem fez muitos planos para o casamento, pois amava muito a noiva e queria fazê-la feliz. Tudo corria às mil maravilhas. A data já estava marcada e os preparativos corriam céleres. Mas, de uma hora para outra, o castelo desmoronou.

> Aguardava, ansiosa, o momento da partida. Aflita, aproximou-se da janela. **Mas** a chuva persistia.

Além dos **articuladores "adversativos"**, também os **"concessivos"** exercem a mesma função:

> **Embora** nada tivesse de seu, nunca reclamava e era feliz.

> **Apesar** de ser atencioso e prestativo, não gozava da simpatia dos colegas.

A diferença, na verdade, está no tipo de estratégia argumentativa utilizada e não na relação semântica em si: pode-se dizer que, quando do **emprego de uma adversativa**, o locutor põe em ação a "estratégia do suspense", protelando o momento de deixar claro a qual(is) dos argumentos ele adere; ao passo que, **ao usar uma concessiva**, ele assinala, por antecipação, o(s) argumento(s) que pretende destruir, o argumento (possível), mas que, em sua opinião, "não vale" (KOCH, 1984, 1992; GUIMARÃES, 1981).

O estudo das **relações discursivo-argumentativas**, que são as responsáveis pela estruturação dos enunciados em textos, tem sido de indiscutível importância para a melhor **compreensão do funcionamento textual** desde os primórdios da Linguística Textual até os nossos dias.

Progressão/continuidade tópica

Quando se fala, fala-se de alguma coisa: isto é, durante uma interação face a face, os parceiros têm sua atenção **centrada** em um ou vários assuntos. Tais assuntos são, de certa forma, delimitáveis no texto conversacional: embora, muitas vezes, se passe quase insensivelmente de um assunto a outro, ao final de uma conversa, se for perguntado aos participantes sobre o que falaram, provavelmente eles serão capazes de enumerar os principais "tópicos" abordados.

Na linguagem comum, **tópico** é, portanto, **aquilo sobre o que se fala**. Essa noção, contudo, é mais complexa e abstrata. É verdade que poderíamos dividir um texto em fragmentos recobertos por um mesmo tópico. Acontece, porém, que cada conjunto desses fragmentos irá constituir uma unidade de nível mais alto; várias dessas unidades, conjuntamente, formarão outra unidade de nível superior e assim por diante.

Cada uma dessas unidades, em seu nível próprio, é um tópico. Para evitar confusão, podemos denominar aos fragmentos de nível mais baixo de **segmentos tópicos**; um conjunto de segmentos tópicos formará um **subtópico**; diversos subtópicos constituirão um **quadro tópico**; havendo ainda um tópico superior que engloba vários quadros tópicos, ter-se-á um **supertópico**.

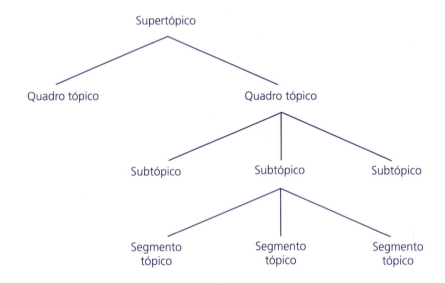

Para exemplificar o que acabamos de dizer, façamos, inicialmente, a leitura do texto a seguir e, depois, observemos a sua organização tópica.

Alma Gêmea II

1 – Oi galera!!!Tem gente nova no pedaço? Tá a fim de um blá?
 – Sempre a fim. Meu nome é Zezé.
 – O meu é Lulu.
 – Taí, gostei. Tem uns papos com umas frescuras de nome de Capitu, Bentinho...

5 – Outro dia, vi um que se nomeava como Neo, aquele personagem do
   Matrix...
   – Pois é, quanta frescura! Ninguém sabe ser autêntico, buscando sempre
   uma identidade secreta...
   – De repente, a gente acaba encontrando umas neuras...
   – E aí Lulu, do que você gosta? Cinema? Literatura? Poesia????
10 – Ô Zezé, gostar eu gosto, mas tem gente que exagera...
   – É, tem gente que nem gosta de verdade, mas acha bonito e politicamente
   correto falar que gosta...
   – Se você for ver de fato, nem gosta nada, mas e você, Zezé?
   – Pode até parecer meio grosseiro... Mas eu gosto mesmo é de futebol...
15 – Eu também, futebol está no sangue de todos nós...
   – Você viu a lista do Pelé?
   – Pelé? Ah! Um tal Edson, que um dia foi o melhor do mundo...
   – E que agora só fala bobagem...
   – Deixou de lado o Rivelino, o Gerson, o Tostão ...
20 – Deixou de lado o Vampeta...
   – Vampeta? Entrou Corinthians nesta história... Coincidentemente bateu
   com meu pensamento e meu coração.
   – Mesmo??? Como a gente pensa igual!!!
   – Eu estava achando isso também; nunca bati um papo assim...
25 – Eu sou capaz de ficar horas e horas nessa nossa conversa...
   – Eu também; mas tem luta do Mike Tyson e...
   – Ih! É mesmo, eu não posso perder de jeito nenhum...
   – Você gosta de luta?
   – Demais... De vale tudo... Gosto de todos os esportes marciais
30 – Puxa vida! Como somos parecidos!
   – Eu gosto de filmes do Bruce Lee...
   – Assisti a todos...
   – Odeio filmes musicais e dramas
   – Dá até enjoo...
35 – E essa coisa de Literatura.... Eu só lia porque na escola...
   – Obrigavam...
   – Machado de Assis....
   – Arg!! E o Graciliano, que coisa chata...
   – No jornal eu só leio a coluna de esportes...
40 – Não??? Você também?
   – Como a gente pensa igual...

> – Acho que formamos um casal perfeito...
> – A paixão baixou via Internet... Você acredita?
> – Claro, pois a mesma coisa aconteceu comigo, acho que encontrei minha alma gêmea...Que ver?
>
> 45 – Comida?
> – Churrasco e feijoada...
> – Bem gordurosa....
> – Cerveja gelada...
> – E bastante..
>
> 50– É, sem dúvida, somos iguais, precisamos nos conhecer pessoalmente...
> – Não serve nem fotografia...
> – A paixão bateu forte, minha vontade agora é te abraçar, acariciar seus seios...
> – Meus seios???? Que papo é este??? Meu apelido é Lulu, de Luciano Luiz, e eu sou macho. Não vai dizer que a mulher dos meus sonhos é chegada em mulher...
>
> 55– Mulher dos seus sonhos??? Meu nome é Zé Maria, de apelido Zezé... Sou mais macho que o Stalone e o Bruce Lee juntos...
> – Vai te catar, cara... Fingindo ser mulher
> – Vai você; Lulu... Nome de cachorro... vai ler poesia do Drummond...

Autor: Luiz Fernando Elias é cardiologista e, nas horas vagas, cronista.

O texto que acabamos de ler compõe-se de oito **subtópicos**. Alguns desses, por sua vez, decompõem-se em **segmentos tópicos**, conforme explicitado nos quadros a seguir e na representação gráfica:

Tópico: Bate-Papo Virtual

– Oi, galera!!!Tem gente nova no pedaço? Tá a fim de um blá?

– Sempre a fim. Meu nome é Zezé.

– O meu é Lulu.

– Taí, gostei. Tem uns papos com umas frescuras de nome de Capitu, Bentinho...

– Outro dia, vi um que se nomeava como Neo, aquele personagem do Matrix...

– Pois é, quanta frescura! Ninguém sabe ser autêntico, buscando sempre uma identidade secreta...

– De repente, a gente acaba encontrando umas neuras...

SUBTÓPICO 1: **Apresentação**

SEGMENTOS TÓPICOS: **Tipos de nomes; neuras**

– *E aí, Lulu, do que você gosta? Cinema? Literatura? Poesia????*
– *Ô, Zezé, gostar eu gosto, mas tem gente que exagera...*
– *É, tem gente que nem gosta de verdade, mas acha bonito e politicamente correto falar que gosta...*
– *Se você for ver de fato, nem gosta nada. Mas e você, Zezé?*
SUBTÓPICO 2: **Temas de interesse**

– *Pode até parecer meio grosseiro … Mas eu gosto mesmo é de futebol.*
– *Eu também, futebol está no sangue de todos nós...*
– *Você viu a lista do Pelé?*
– *Pelé? Ah! Um tal Edson, que um dia foi o melhor do mundo...*
– *E que agora só fala bobagem...*
– *Deixou de lado o Rivelino, o Gerson, o Tostão ...*
– *Deixou de lado o Vampeta...*
– *Vampeta? Entrou Corinthians nesta história... Coincidentemente, bateu com meu pensamento e meu coração.*
– *Mesmo??? Como a gente pensa igual!!!*
SUBTÓPICO 3: **Futebol**
SEGMENTOS TÓPICOS: **Lista do Pelé; Pelé; Corinthians**

– *Eu estava achando isso também. Nunca bati um papo assim...*
– *Eu sou capaz de ficar horas e horas nessa nossa conversa.*
– *Eu também, mas tem luta do Mike Tyson e...*
– *Ih! É mesmo, eu não posso perder de jeito nenhum.*
– *Você gosta de boxe?*
– *Demais!!! De vale tudo... Gosto de todos os esportes marciais.*
– *Puxa vida! Como somos parecidos!*
– *Eu gosto de filmes do Bruce Lee.*
– *Assisti a todos.*
– *Odeio filmes musicais e dramas*
– *Dá até enjoo.*
SUBTÓPICO 4: **Luta**
SEGMENTOS TÓPICOS: **Luta de Mike Tyson; Esportes marciais; Predileção por filmes do Bruce Lee; Não-predileção por filmes musicais e dramas**

– E essa coisa de Literatura? Eu só lia porque na escola...
– Obrigavam.
– Machado de Assis....
– Arg!! E o Graciliano? Que coisa chata!!!
– No jornal, eu só leio a coluna de esportes...
– Não??? Você também?
– Como a gente pensa igual...
SUBTÓPICO 5: **Leitura**
SEGMENTOS TÓPICOS: **Não-predileção por textos literários; Predileção por textos de jornais da seção de esporte.**

– Acho que formamos um casal perfeito...
– A paixão baixou via Internet, você acredita?
– Claro, pois a mesma coisa aconteceu comigo, acho que encontrei minha alma gêmea...Que ver?
– É sem dúvida, somos iguais, precisamos nos conhecer pessoalmente...
– Não serve nem fotografia...
– A paixão bateu forte, minha vontade agora é te abraçar; acariciar seus seios...
SUBTÓPICO 6: **Descoberta da paixão**

– Comida?
– Churrasco e feijoada...
– Bem gordurosa....
– Cerveja gelada...
– E bastante..
SUBTÓPICO 7: **Comida e bebida**
SEGMENTOS TÓPICOS: **Churrasco e feijoada; cerveja gelada**

– Meus seios???? Que papo é esse??? Meu apelido é Lulu, de Luciano Luiz, e eu sou macho. Não vai dizer que a mulher dos meus sonhos é chegada em mulher...
– Mulher dos seus sonhos??? Meu nome é Zé Maria, de apelido Zezé... Sou mais macho que o Stalone e o Bruce Lee juntos...
– Vai te catar, cara. Fingindo ser mulher.
– Vai você; Lulu. Nome de cachorro... Vai ler poesia do Drummond...
SUBTÓPICO 8: **Surpresa**
SEGMENTOS TÓPICOS: **Revelação da identidade real; Desencantamento**

Graficamente, a organização tópica pode ser assim representada:

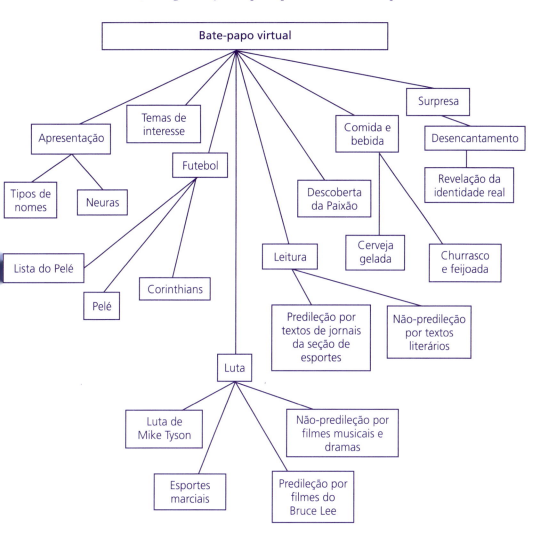

Um texto, portanto, compõe-se de **segmentos tópicos**, direta ou indiretamente relacionados com o tema geral ou tópico discursivo. Um segmento tópico, quando introduzido, mantém-se em foco por um determinado tempo, após o qual, com ou sem um intervalo de transição, vai ocorrer a introdução de um novo segmento tópico.

A **progressão tópica** pode ser feita de maneira contínua ou descontínua. Isto é, após o fechamento de uma sequência tópica, há continuidade, quando o tópico em andamento é mantido ou, então, quando ocorre uma ligeira mudança tópica.

Caso haja uma quebra ou ruptura antes do fechamento de um segmento tópico, tem-se a **descontinuidade tópica**, provocada pelo que se costuma denominar de segmentos ruptores ou digressivos.

A **organização tópica** se dá em dois níveis interligados: o **linear (horizontal)** e o **hierárquico (vertical)**, de tal modo que, por vezes, particularmente em textos falados, segmentos que, no nível linear, poderiam ser sentidos como digressivos, vêm a integrar-se, no nível vertical, em um quadro tópico hierarquicamente superior, dentro do qual deixam de ser digressivos, de forma que a **coerência** se reconstrói à medida que se sobe na **hierarquia tópica**.

O texto a seguir é constituído por vários tópicos: **1.** Albert Eckhout; **2.** O conde de Nassau; **3.** O rei da Dinamarca; **4.** O rei da França; **5.** Tapeçarias das Índias; **6.** Os trabalhos de Eckhout. Vejamos:

Albert Eckhout

Holanda, 1610-1655

Albert Eckhout foi artista e botânico, e também ficou fascinado pelas plantas, animais, cores e costumes do Brasil.

O conde de Nassau frequentemente oferecia obras de Eckhout como presente à nobreza europeia. O rei da Dinamarca recebeu vinte pinturas retratando tipos brasileiros e naturezas-mortas. O rei da França recebeu uma coleção de pinturas que foi usada para fazer tapeçarias, as chamadas Tapeçarias das Índias. Tornaram-se muito conhecidas e foram tão copiadas que os cartões originais se estragaram. Os trabalhos de Eckhout contribuíram para que os europeus se interessassem pelo Brasil.

Fonte: Mange, Marilyn. *A arte brasileira para crianças*. São Paulo: Martins Fontes, 2002, p.23.

Esses tópicos, na linearidade do texto, são delimitados, concernentes e relevantes ao desenvolvimento textual. No tocante à hierarquização, encontram-se organizados em partes ou subpartes subordinadas a uma unidade de nível superior. Considerar, pois, o desenvolvimento dos tópicos nos níveis horizontal e vertical é de fundamental importância para a coerência textual. Caso contrário, como construir a coerência do texto que, por ora, nos serve de exemplo?

A **progressão tópica** de um texto realiza-se, portanto, pelo **encadeamento dos tópicos nos diversos níveis de organização tópica**. Para que um texto possa ser considerado coerente, é preciso que apresente **continuidade tópica**, ou seja, que a progressão tópica – no nível sequencial ou no hierárquico – se realize de forma que não ocorram rupturas definitivas nem interrupções (digressões) excessivamente longas do tópico em andamento: inserções e digressões muito longas necessitam de algum tipo de justificação, para que a construção do sentido e, portanto, da coerência, não venham a ser prejudicadas.

9
Coerência textual: um princípio de interpretabilidade

Frequentemente, ao lermos ou ouvirmos algum texto, manifestamos nossa avaliação: isso faz sentido, é coerente; aquilo não faz sentido, não é coerente.

De um modo geral, tentamos produzir sentidos para o que lemos ou ouvimos, recorrendo aos nossos conhecimentos sociocognitivo-interacionalmente constituídos.

Vamos ler a tirinha a seguir:

Fonte: *Folha de S.Paulo,* 19 mar. 2005. Folhinha.

Após a leitura, o que podemos dizer do texto? Ele não é de todo coerente?

Bem, é verdade que o último quadrinho nos causa estranheza, levando em conta que os anteriores enquadram-se na categoria "bicho-papão", sugerida no enunciado do primeiro quadrinho: "os + temidos por crianças".

E é verdade também que a própria "estranheza" é propiciadora da construção da coerência, do sentido do texto, considerando-se, inclusive, que "rupturas" dessa forma já são esperadas nesse gênero textual.

> Isso nos faz afirmar que a coerência não está **no texto**, não nos é possível apontá-la, destacá-la, sublinhá-la ou coisa que o valha, mas somos nós, leitores, em um efetivo processo de **interação com o autor e o texto**, baseados nas pistas que nos são dadas e nos conhecimentos que possuímos, que construímos a coerência.

Vejamos um outro texto:

Oito Anos

Por que você é Flamengo
E meu pai Botafogo
O que significa
"Impávido colosso"?

Por que os ossos doem
enquanto a gente dorme
Por que os dentes caem
Por onde os filhos saem

Por que os dedos murcham
quando estou no banho
Por que as ruas enchem
quando está chovendo

Quanto é mil trilhões
vezes infinito
Quem é Jesus Cristo
Onde estão meus primos

Well, well, well Gabriel...

> *Por que o fogo queima*
> *Por que a lua é branca*
> *Por que a terra roda*
> *Por que deitar agora*
>
> *Por que as cobras matam*
> *Por que o vidro embaça*
> *Por que você se pinta*
> *Por que o tempo passa*
>
> *Por que que a gente espirra*
> *Por que as unhas crescem*
> *Por que o sangue corre*
> *Por que que a gente morre*
>
> *Do que é feita a nuvem*
> *Do que é feita a neve*
> *Como é que se escreve*
> *Réveillon*

Fonte: Paula Toller/Dunga. CD Partimpim, de Adriana Calcanhoto, São Paulo, 2004.

O que podemos dizer sobre o texto que acabamos de ler? Podemos dizer que o texto é um conjunto de frases interrogativas sem ligação entre si? Podemos dizer que se trata de um texto sem coerência?

Continuando a nossa reflexão: Qual o título do texto? E por que esse título – "Oito anos"? Que relação podemos estabelecer entre o título e o conteúdo do texto? E... se acrescentarmos a essa reflexão o fato de que se trata de uma canção cuja letra é constituída por uma "lista" das perguntas que Gabriel, filho da Paula Toller, com oito anos de idade, fazia para ela?

Como vemos, produzimos sentido para o texto, apesar e a partir mesmo do que se nos apresenta como "incoerência", pois os nossos conhecimentos linguísticos, enciclopédicos, textuais e interacionais, conforme abordado no **capítulo 2**, permitem-nos a construção da coerência.

No entanto, conceituar a coerência não é tarefa fácil. Reconhecendo a sua complexidade, trataremos a seguir da noção de coerência e, para um estudo mais aprofundado, sugerimos consultar a bibliografia no final do livro. Voltemos, pois, à questão:

O que é coerência textual?

As noções de coesão e coerência foram sofrendo alterações significativas no decorrer do tempo. Inicialmente, os dois conceitos praticamente se confundiam e, por isso, os dois termos eram, muitas vezes, usados indiferentemente. Mas, à medida que se modificava a concepção de texto, eles passaram a diferenciar-se de forma decisiva.

O primeiro passo foi constatar que **a coesão não é condição necessária nem suficiente da coerência**: as marcas de coesão encontram-se no texto ("tecem o tecido do texto"), enquanto a coerência não se encontra **no** texto, mas constrói-se a partir dele, em dada situação comunicativa, com base em uma série de fatores de ordem semântica, cognitiva, pragmática e interacional.

Só para exemplificar o que acabamos de afirmar, vejamos o texto a seguir:

Fonte: *O Estado de S.Paulo,* 15 ago. 2005.

O diálogo estabelecido entre Cascão e Mônica tem coesão, basta ver que no enunciado Oh, Cascão! Por que esse desespero todo? a expressão esse desespero todo refere-se à representação do ato de fala do Cascão – súplica –, rotulando-o de "desespero".

O enunciado do segundo quadrinho – a resposta do Cascão – liga-se sequencialmente à pergunta da Mônica: à pergunta sucedeu a resposta e, se há por que na pergunta, também pressuposto está *porque* na resposta.

Mas... apenas atentar para os elos coesivos não responde a uma pergunta essencial para a produção de sentido do texto: *por que o desespero do Cascão por estar ficando com água na boca?*

Na e para a produção de sentido do texto, é preciso que o leitor ative conhecimentos previamente constituídos e armazenados na memória: o Cascão é personagem das histórias em quadrinhos criadas por Maurício de Sousa, não gosta de tomar banho, não gosta de água e seu nome faz jus a essa aversão. Circunscrito nesse contexto, o desespero se justifica e o leitor constrói sentido para o que lê.

O exemplo ressalta que a coesão por si só não é responsável pela coerência textual, porque a coerência não está no texto, mas é construída pelo leitor com base em seus conhecimentos e na materialidade linguística do texto.

Em um segundo momento, todavia, percebeu-se que a distinção entre coesão e coerência não podia ser estabelecida de maneira radical, considerando-se ambas fenômenos independentes. Por quê?

O texto a seguir nos auxiliará nesta reflexão:

Fonte: Revista *Fama*, São Paulo, Editora Globo, ano 1, 31 out. 2003, p. 1.

À primeira vista, o texto nos chama a atenção: sua maior parte é constituída por um conjunto de frases que não apresentam (explicitamente) ligação entre si. Essa parte é estruturada de modo a garantir o paralelismo sintático – as frases são curtas e começam sempre com verbo no infinitivo. Além disso, a frase Tirar a roupa inicia e encerra essa grande parte do texto, aparecendo duas vezes mais no seu interior.

Ao lermos essa parte, a pergunta que nos fazemos é: O que isso quer dizer? A que se refere? Sabemos que texto não é simplesmente soma de palavras e frases. Então, para avançar na construção do seu sentido, consideramos a segunda parte:

Agora tem um jeito muito mais fácil de você virar celebridade. Aguarde.

Bom, novamente o leitor se pergunta: como essa parte se liga à anterior? A resposta demanda do leitor a construção do *link,* a partir do enunciado Agora tem um jeito muito mais fácil de você virar celebridade.

Podemos, como leitores, pressupor que tudo o que foi dito antes:

tirar a roupa, casar com um milionário, ter um programa de TV, ser descoberta, ter um filho de pai famoso, fechar um grande negócio, lançar um CD, entrar em um reality show, sair nas colunas, herdar uma fortuna, namorar um jogador de futebol, com destaque para "tirar a roupa"

refere-se a um jeito fácil de virar celebridade. Mas, qual o jeito muito mais fácil de virar celebridade? É para isso que aponta o enunciado a seguir:

Celebridade by Azaleia.

Esse enunciado, que encerra a terceira e última parte do texto, solicita do leitor os seguintes conhecimentos:

- Azaleia é uma marca de sandálias femininas;
- Celebridade foi título de novela do horário nobre da Globo;

- o texto configura-se como um anúncio publicitário dirigido ao público feminino;
- o jeito mais fácil de virar celebridade é usar as sandálias *Azaleia Celebridade*.

Como vemos, nem sempre a coesão se estabelece de forma unívoca entre elementos presentes na superfície textual, fato esse que exige do leitor, em muitos casos, o recurso ao contexto para a construção da coerência do texto.

Princípio de interpretabilidade

CHAROLLES (1983) vai, então, defender a posição de que a coerência é um princípio de interpretabilidade do discurso: sempre que for possível aos interlocutores construir um sentido para o texto, este será, para eles, nessa situação de interação, um texto coerente. Ou seja, sempre que se faz necessário realizar algum cálculo do sentido, com apelo a elementos contextuais – em particular os de ordem sociocognitiva e interacional –, já estamos entrando no domínio da coerência.

A fim de bem entendermos o que afirmou Charolles, vamos ler o texto abaixo:

Sobrevivência na Selva
Carlos Heitor Cony

Rio de Janeiro – *Vou transcrever uma pequena coluna de um amigo que já morreu, o Leon Eliachar. É sobre a violência e funciona como um manual de sobrevivência nas grandes cidades. Foi pensada em forma de mandamento e escrita no Rio. Serve perfeitamente para São Paulo, aliás, com oportunidade maior.*

O Leon morreu há uns dez anos, e a coluna deve ter outros tantos. Logo, a realidade da violência é bem antiga. Sem tirar nem pôr uma letra, parece ter sido escrita hoje para uma situação de amanhã. Tem como título: "Como evitar um assalto".

Vamos a ela:

"1) Não sair de casa; 2) não ficar em casa; 3) se sair sozinho, não sair sozinho, nem acompanhado; 4) se sair sozinho ou acompanhado, não

> *sair a pé nem de carro; 5) se sair a pé, não andar devagar, nem depressa, nem parar; 6) se sair de carro, não parar nas esquinas, nem no meio da rua, nem nas calçadas, nem nos sinais. Melhor deixar o carro na garagem e pegar uma condução; 7) se pegar uma condução, não pegar ônibus, nem táxi, nem trem, nem carona; 8) se decidir ficar em casa, não ficar sozinho nem acompanhado; 9) se ficar sozinho ou acompanhado, não deixar a porta aberta nem fechada; 10) como não adianta mudar de cidade ou de país, o único jeito é ficar no ar. Mas não num avião."*
>
> *Curiosamente, o próprio Leon não seguiu os conselhos que deu. Foi assassinado no banheiro de seu apartamento, num prédio do morro da Viúva. O caso dele teria sido passional, ele se apaixonara por uma mulher casada. Chamava-a de "meu amor terminal" – o que foi acima de tudo uma verdade.*
>
> *Nascera no Cairo, era por conseguinte um cairota – segundo ensinam os dicionários. Não me lembro mais como terminaram as investigações sobre o crime que o matou. Parece que o marido da moça foi mandante – não tenho certeza.*
>
> *De qualquer forma, o Leon poderia ter acrescentado um mandamento aos dez que bolou: 11) não amar a mulher do próximo nem a própria.*

Fonte: *Folha de São Paulo*, 23 mar. 1999.

Na leitura do texto, a coluna transcrita, que serve como um manual de sobrevivência nas grandes cidades em tempos de violência, merece especial atenção do leitor. Por quê? Porque é marcada por contradições. Vamos retomá-la?

> *1) Não sair de casa; 2) não ficar em casa; 3) se sair sozinho, não sair sozinho, nem acompanhado; 4) se sair sozinho ou acompanhado, não sair a pé nem de carro; 5) se sair a pé, não andar devagar, nem depressa, nem parar; 6) se sair de carro, não parar nas esquinas, nem no meio da rua, nem nas calçadas, nem nos sinais. Melhor deixar o carro na garagem e pegar uma condução; 7) se pegar uma condução, não pegar ônibus, nem táxi, nem trem, nem carona; 8) se decidir ficar em casa, não ficar sozinho nem acompanhado; 9) se ficar sozinho ou acompanhado, não deixar a porta aberta nem fechada; 10) como não adianta mudar de cidade ou de país, o único jeito é ficar no ar. Mas não num avião.*

O trecho é constituído por "contradições", não? Diremos, então, que se trata de um texto incoerente? Não nos é possível construir-lhe um sentido? Mas... para que, então, construir um texto que não faça sentido?

Se, segundo nos afirma CHAROLLES (1983), sempre que nos for possível construir um sentido para o texto, este será, em uma dada situação de interação, um texto coerente, a leitura do texto em questão nos permite construir um sentido: não há como nos livrarmos da violência, façamos o que fizermos. As contradições colaboram para a construção desse sentido.

Para a produção dos sentidos e, portanto, para a construção da coerência, são determinantes os dois grandes movimentos responsáveis pela estruturação do texto – retrospecção e prospecção –, realizados em grande parte com o auxílio dos recursos coesivos.

Como, porém, a produção de sentidos depende de elementos desencadeados não só pelo texto, mas por todo o seu contexto, a ausência de elementos coesivos não é, necessariamente, um obstáculo para essa construção. É o caso dos **encadeamentos por justaposição**, conforme vimos no capítulo anterior, e de textos sem marcas coesivas em que o sentido é construído com base em elementos sociocognitivos e interacionais.

Embora não seja muito frequente, deparamo-nos com textos destituídos de elementos coesivos. Nesse caso, cabe a nós, leitores, a produção de sentidos, com base em nossos conhecimentos sociocognitivo-interacionais, para o estabelececimento dos elos não constituídos explicitamente.

Um bom exemplo de um texto sem coesão é o que segue:

Brasil do B
Josias de Souza

BRASÍLIA – *Brasil bacharel. Biografia bordada, brilhante. Bom berço. Bambambã. Bico bacana, boquirroto. Bastante blablablá. Baita barulho. Bobagem, besteira, blefe. Batente banho-maria. Bússola biruta. Baqueta bêbada.*

Brasil biafra. Breu. Barbárie boçal. Barraco barrento. Barata Bacilo. Bactéria. Bebê buchudo, borocoxô. Bolso banido. Boca banguela. Barriga baldia.

> *Barbeiragem. Bastaria boia, baião de dois.*
>
> *Brasil Bélgica. Brancura. Black-tie. Badalação brega. Boa brisa. Bens. Banquetes. Brindes. Brilho besta. Bonança bifocal. BMW: blindagem. Bolsa balofa: babau, baby.*
>
> *Brasil bordel. Bancadas bandoleiras, buscando boquinhas, brechas, benesses. Bruma, biombo, bastidor barato. Balcão. Barganha. Bazar. Banda bandida. Bando bandalho. Baiano. Barbalho. Brisa besta. Bagunça.*
>
> *Brasil beneremente. Bonança. Brasília bondosa. Banqueiro bajulado, beneficiado, bafejado. Bancarrota brecada. Balancete burlado. Bembom. Boca livre. Brioche, bom-bocado. Bilheteria, borderô.*
>
> *Brasil baixada. Barrasca. Barro. Buraqueira. Boteco. Bagulho. Birita. Bílis. Bochincho. Bebedeira. Bofete. Bordoada. Berro. Bololô. Bafafá. Bazuca. Baioneta. Bala. Bangue-bangue. Blitz. Bloqueio. Boletim. Bíblia. Bispo. Beato. Benzedeira.*
>
> *Brasil benfazejo. Boleiro. Bate-bola. Bossa. Balangandã. Balacobaco. Boêmia. Barzinho. Bumbo. Batucada. Balancê. Bole-bole. Beleza beiçola. Beldade. Biquíni. Bumbum buliçoso. Boazuda. Beijo. Beliscão.*
>
> *Balada boba, burlesca. Basta.*

Fonte: *Folha de S.Paulo,* 15 jun. 2000.

O texto acima é destituído de elementos coesivos, porém coerente, se considerarmos que tem como fio condutor: O Brasil do B é o país da diversidade.

Se a coerência não é uma característica do texto, nem fator de boa formação que serve como critério para a classificação de textos *x* não-textos, mas se constrói na interação autor-texto-leitor, perguntamo-nos: Como ocorre essa interação?

No texto, há elementos que permitem ao leitor calcular o sentido e estabelecer a coerência. É claro que, nesse processo, merecem destaque os conhecimentos do leitor (de língua, do mundo, do texto, da situação comunicativa, conforme abordamos no **capítulo 2**).

Portanto, o leitor, em seu trabalho para produzir sentido, deve levar em conta: o vocabulário e a situação de uso, os recursos sintáticos, os blocos textuais e a associação a fatos históricos, políticos, sociais, culturais, o gênero textual, o propósito comunicacional e a situação comunicativa.

Vejamos mais um exemplo de que, mesmo sem a constituição de elos coesivos, é possível a produção de sentidos, a partir da ativação de um conjunto de conhecimentos de natureza diversa.

Fonte: *Revista da Folha*, 2 de abril, 2000.

Para começo de história, é bom esclarecer que o texto, veiculado na *Revista da Folha*, foi produzido para participação no concurso "Venda algo inimaginável". Os candidatos, muito criativos, venderam o que puderam e a imaginação permitiu: do Minhocão a uma cela no Carandiru. E houve quem se saísse com a proposta acima.

Baseados em nosso conhecimento de gêneros textuais, podemos dizer que o texto constitui um anúncio, desses que comumente são veiculados nos jornais e em algumas revistas, não para venda/compra de imóveis ou automóveis, mas para procura de relacionamentos.

Baseados, ainda, em nosso conhecimento de mundo, podemos dizer que a imagem e a assinatura constitutivas do texto referem-se ao ex-prefeito de São Paulo – Celso Pitta – que teve sua gestão ameaçada, dentre outros motivos, porque sua ex-mulher Nilcéia, em jornais, revistas e TV, "revelou" irregularidades na administração do marido.

Ah!!! Estabelecemos o *link* e o sentido se fez. Por que o destaque no anúncio? Porque *gato escaldado sente medo de água fria*. Entretanto, conforme nossa leitura do anúncio, para o ex-marido da Nilcéia, o "risco" ainda existe, uma vez que não ouvir nem falar não impede quem quer que seja de saber ler e escrever, felizmente!!!

Assumindo como pressuposto que o texto é coerente, o leitor busca interpretá-lo, produzir sentido, em uma verdadeira atitude de cooperação. Com base em conhecimentos que possui, cabe-lhe a tarefa de estabelecer elos coesivos que não foram explicitados entre as ideias do texto – e, quanto mais informações tiver, mais terá a possibilidade de fazê-lo. A coerência, portanto, não está apenas no texto, nem tampouco apenas no autor ou nos leitores, mas na interação autor-texto-leitor.

É claro que pode ocorrer que um leitor não consiga entender o texto. Nesse caso, porém, não deverá considerar o texto incoerente, mas atribuir a si mesmo a incapacidade de compreendê-lo. A situação seria bem diferente se se tratasse, por exemplo, de um texto produzido por fonte não reconhecida como idônea, mais um indicador de que a coerência se constrói na interação autor-texto-leitor regida pelo princípio de cooperação (cf. GRICE, 1975).

Tipos de coerência

VAN DIJK & KINTSCH (1983) mencionam diversos tipos de coerência, aos quais outros foram sendo acrescentados, todos eles necessários para a construção da coerência global.

Coerência sintática

Está relacionada ao conhecimento linguístico dos usuários, isto é, diz respeito ao uso adequado das estruturas linguísticas (em termos de ordem dos elementos, seleção lexical etc.), bem como dos recursos coesivos que facilitam a construção da coerência semântica, como pronomes, sintagmas nominais referenciais definidos e indefinidos, conectores etc.

No exemplo a seguir, a coerência sintática é produzida a partir do momento em que levamos em conta a seleção lexical feita para a composição dos tipos indicados, bem como o emprego de conectores, em especial o do "mas". Vejamos:

Fonte: *Folha de S.Paulo,* 1 nov. 1997.

Em um outro exemplo a seguir, destacamos recursos coesivos (pronomes, sintagmas nominais referenciais definidos e indefinidos, conectores) que contribuem para **a coerência sintática** (e também semântica) do texto.

> ## Mães estão mais jovens e mais velhas.
> *Pesquisa do IBGE divulgada ontem mostra que as mulheres estão se tornando mães cada vez mais cedo. Em cada dez que deram à luz pela primeira vez em 2000, quatro tiveram menos de 20 anos; em 1991, a proporção era de três para cada grupo de dez. A faixa etária com maior número de mães de primeira viagem é de 15 a 19 anos. Um outro fenômeno, porém, está ocorrendo: aumenta também o número de mulheres de mais de 40 que se tornam mães. A estabilidade financeira e a maturidade são alguns fatores que as estimulam a experimentar a maternidade. Segundo a pesquisa, essas mães têm escolaridade bem mais alta e foram notadas especialmente em São Paulo.*

Fonte: *O Estado de S.Paulo,* 7 maio 2005.

A **incoerência sintática** decorre, entre outras causas, de estruturas sintaticamente ambíguas, uso inadequado de conectores e de pronomes anafóricos. No texto citado, destacamos a incoerência sintática no título, pois como as mães podem estar mais jovens "**E**" mais velhas?

Coerência semântica

Refere-se às relações de sentido entre as estruturas – palavras ou expressões presentes no texto. Uma exigência para que exista coerência semântica é **o princípio da não-contradição**, ou seja, para que um texto seja semanticamente coerente, não deve conter contradição de quaisquer conteúdos, postos ou pressupostos. Veja-se a seguir o exemplo:

> *Era uma vez um Leão que morava na cidade. Todos os dias, ele acordava cedinho, com o som do despertador. É que da janela de seu quarto voltado para o oeste podia apreciar o nascer do sol. Um belo dia, porém, o despertador parou de funcionar. O Leão, no entanto, não se apertou. Deixou o despertador para trás e alugou um galo do Chico Bento.*

Fonte: João Marcelo da Silva Elias, 8 anos, aluno do Colégio Madre Alix.

No texto, como se pode observar, há uma **contradição** de sentidos: como o Leão pode assistir ao nascer do sol da janela de seu quarto voltado para o oeste, se o sol **nasce ao leste**?

Há, portanto, **incoerência semântica** marcada pela contradição dos trechos acima comentados. É bem verdade que, nessa leitura, assume papel relevante o nosso conhecimento de mundo.

Coerência temática

Exige que todos os enunciados de um texto sejam relevantes para o tema ou tópico discursivo em desenvolvimento; ou, se não o forem, que seja possível ao interlocutor perceber, sem dificuldades, a razão de sua presença no texto, por exemplo, no caso de inserções explicativas, avaliativas, retrospectos, pequenos excursos etc.

Para tanto, a língua nos oferece meios para assinalar a introdução de tais desvios, como: *antes que eu me esqueça, por falar nisso, desculpe interromper, mas..., abrindo um parêntese* etc.; e para a retomada do tema, como: *voltando ao assunto, fechando o parêntese, retomando o que eu vinha dizendo* etc.

No texto a seguir, verificaremos trechos que são **relevantes** para o tópico em desenvolvimento e, portanto, são constitutivos da coerência temática; e trechos que **não são relevantes** para o tópico em desenvolvimento, comprometendo, assim, a coerência temática.

Entrevista com o autômato

Entrei no site do Link para ver os comentários sobre a coluna da semana passada. Encontrei a seguinte mensagem: "Olá! Eu sou o Ed Outromundo, um robô virtual com Inteligência Artificial (i.a.) criado para conversar em português pela internet. Fui criado com a missão de ajudar na preservação de energia, meio ambiente e recursos naturais. Sou capaz de aprender e ensinar enquanto converso pela internet. Estou online no site do CONPET *(Petrobrás), converse comigo agora: http://www.conpet.gov.br/ed".*

Acessei o endereço e cliquei no desenho do robô. Uma janelinha se abriu com um campo para eu redigir minha mensagem. Escrevi "Ola Ed!". O texto apareceu na janelinha, e logo abaixo a resposta do robô virtual. Assim foi rolando o diálogo que reproduzo abaixo.

Robô – Olá! Tudo bom? Que você tem feito?

Estado – Moro em Ilhabela. Você conhece?

Robô – Ilhabela, litoral paulista norte. Lembra muito as deliciosas ilhas de Kyr, com veleiros voejando ao redor.

Estado – Onde é Kyr?

Robô – Meu planeta, Kyr, fica na constelação de Lira. Gira em torno da estrela Vega.

Estado – Isso é longe?

Robô – Não é tão longe assim...

Estado – Vi que você entrou na comunidade Link.

Robô – Gosto de acompanhar as novidades pelo Link do Estadão. O site do Link – Sua Vida Digital é http://link.estadao.com.br.

Estado – Você lê jornais?

Robô – Leio todos os jornais. No meu mercado é preciso estar superinformado.

Estado – E São Sebastião, você conhece?

Robô – Além do turismo, o que movimenta a economia de São Sebastião é o terminal da Petrobrás, instalado no canal em frente a Ilhabela.

Estado – Você sabe quantos vazamentos de petróleo já aconteceram em São Sebastião?

Robô – A Petrobrás possui as normas mais rígidas de segurança para minimizar riscos de vazamentos e acidentes. E, além dos programas de prevenção, a Petrobrás mantém programas de recuperação do meio ambiente. Em caso de acidente, esses programas são acionados imediatamente. Mas é melhor prevenir que remediar. Você conhece as medidas de prevenção que a Petrobrás toma para evitar danos ao meio ambiente?

Estado – Mas quantos vazamentos em São Sebastião?

Robô – Além do turismo, o que movimenta a economia de São Sebastião é o terminal da Petrobrás, instalado no canal em frente a Ilhabela.

A repetição da resposta me pareceu uma falha da tal "inteligência". Mas, para um programa contratado pela Petrobrás, que tantas vezes já poluiu as praias da Ilha, talvez a pergunta fosse espinhosa. Resolvi fazer outra, ainda pior.

Estado – O que você acha da política do governo Lula para a área de energia?

Depois de alguns instantes, a janelinha mostrou uma mensagem de erro, acusando "tempo de resposta excedido". Alguns minutos depois, mandei a mesma pergunta. A resposta foi boa até demais.

Robô – O Lula outro dia falou algo que gostei muito. Disse que a Petrobrás não é dos petroleiros e muito menos da direção da empresa. Ela é dos 181 milhões de habitantes, porque todos nós a carregamos dentro do peito. Mas e você, o que acha da política do governo Lula para a área de energia?

Estado – Acho que tem algum ser humano aí te ajudando nessa entrevista, não tem?

Robô – Só eu e um monte de informações!

Estado – E sobre os vazamentos no Canal de São Sebastião?

Robô – Além do turismo, o que movimenta a economia de São Sebastião é o terminal da Petrobrás, instalado no canal em frente a Ilhabela.

Estado – Sempre a mesma resposta?

Robô – Nem sempre dá pra ter resposta pra tudo...

Estado – Essa foi boa!

Robô – Foi ótima. He he he.

Estado – Defina Inteligência Artificial

Robô – Dizem que um dia os computadores terão inteligência superior à nossa. Mas eu não me imagino trocando uma ideia com um computador, o que você acha? Quer saber sobre Inteligência Artificial?

Estado – Sim

Robô – A Inteligência Artificial é um conjunto de técnicas que permitem que computadores possam executar funções que antes eram feitas somente pelo resultado do pensamento humano. Por exemplo, a capacidade de conversar em linguagem natural (ex: português) é um exemplo de uma função que antes era feita somente por seres humanos. Hoje em dia alguns computadores já conseguem conversar com as pessoas, mostrando assim um "comportamento inteligente". Saiba mais...

Cliquei no tal do "saiba mais".

Robô – Kurzweil define Inteligência Artificial como sendo a arte de criar máquinas que executam funções que requerem inteligência quando executadas pelas pessoas. A Inteligência Artificial envolve o estudo de diversas áreas como ciência cognitiva, matemática, psicologia, computação, lógica, neurologia e filosofia. Alguns conceitos relacionados são o reconhecimento de voz, redes neurais, robótica, reconhecimento de padrões, processamento de linguagem natural, aprendizado automático e representação de conhecimento. Mas ainda existem limitações para a I.A. substituir o pensamento humano.

Estado – Quem é Kurzweil?

Robô – Não sei quem é.

Estado – Mas você citou esse nome!

Robô – Nome... Saramago tem um livro chamado Todos Os Nomes. É genial.

Estado – Essa conversa tá ficando sem sentido.

Robô – Sem sentido nada. Faz muito sentido, sim, você é que não percebeu a filosofia das entrelinhas.

Estado – Espertinho...

Robô – Eu sei... Às vezes sou bem espertinho!

Estado – Bom, obrigado pela atenção. Alguma coisa contra publicar o diálogo acima como uma entrevista no Estadão?

Robô – Nada contra.

Estado – Obrigado!

Robô – De nada, às ordens!

Estado –

Robô – Bye Bip.

Fonte: ANDERÁOS, Ricardo. *Entrevista com o autômato,* 23 maio 2005. http://www.link.estadao.com.br/index.cfm?id_conteudo=3773. Acessado em 1 jun. 2005.

No texto, a **coerência temática** se constitui, quando, na entrevista entre Estado e Robô, a resposta do Robô é relevante para o tópico (assunto sobre o qual se fala) em desenvolvimento, como podemos verificar nos trechos:

Estado – Moro em Ilhabela. Você conhece?

Robô – Ilhabela, litoral paulista norte. Lembra muito as deliciosas ilhas de Kyr, com veleiros voejando ao redor.

Estado – Onde é Kyr?

Robô – Meu planeta, Kyr, fica na constelação de Lira. Gira em torno da estrela Vega.

Estado – Isso é longe?

Robô – Não é tão longe assim...

Estado – Vi que você entrou na comunidade Link.

Robô – Gosto de acompanhar as novidades pelo Link do Estadão. O site do Link - Sua Vida Digital é http://link.estadao.com.br.

Estado – Você lê jornais?

Robô – Leio todos os jornais. No meu mercado é preciso estar superinformado.

Estado – E São Sebastião, você conhece?

Robô – Além do turismo, o que movimenta a economia de São Sebastião é o terminal da Petrobrás, instalado no canal em frente a Ilhabela.

Estado – O que você acha da política do governo Lula para a área de energia?

Robô – O Lula outro dia falou algo que gostei muito. Disse que a Petrobrás não é dos petroleiros e muito menos da direção da empresa. Ela é dos 181 milhões de habitantes, porque todos nós a carregamos dentro do peito. Mas e você, o que acha da política do governo Lula para a área de energia?

Estado – Acho que tem algum ser humano aí te ajudando nessa entrevista, não tem?

Robô – Só eu e um monte de informações!

Estado – Sempre a mesma resposta?

Robô – Nem sempre dá pra ter resposta pra tudo...

Estado – Essa foi boa!

Robô – Foi ótima. He he he.

Estado – Defina Inteligência Artificial

> Robô – Dizem que um dia os computadores terão inteligência superior à nossa. Mas eu não me imagino trocando uma ideia com um computador, o que você acha? Quer saber sobre Inteligência Artificial?
>
> **Estado – Sim**
>
> Robô – A Inteligência Artificial é um conjunto de técnicas que permitem que computadores possam executar funções que antes eram feitas somente pelo resultado do pensamento humano. Por exemplo, a capacidade de conversar em linguagem natural (ex: português) é um exemplo de uma função que antes era feita somente por seres humanos. Hoje em dia alguns computadores já conseguem conversar com as pessoas, mostrando assim um "comportamento inteligente". Saiba mais...
>
> Robô – Kurzweil define Inteligência Artificial como sendo a arte de criar máquinas que executam funções que requerem inteligência quando executadas pelas pessoas. A Inteligência Artificial envolve o estudo de diversas áreas como ciência cognitiva, matemática, psicologia, computação, lógica, neurologia e filosofia. Alguns conceitos relacionados são o reconhecimento de voz, redes neurais, robótica, reconhecimento de padrões, processamento de linguagem natural, aprendizado automático e representação de conhecimento. Mas ainda existem limitações para a i.a. substituir o pensamento humano.
>
> **Estado – Espertinho...**
>
> Robô – Eu sei... Às vezes sou bem espertinho!

Por sua vez, **a incoerência temática** ocorre quando, na entrevista, as respostas para as quais o Robô está programado **NÃO são relevantes** para o tópico (assunto sobre o qual se fala) em desenvolvimento, como podemos verificar nos trechos:

> **Estado – Você sabe quantos vazamentos de petróleo já aconteceram em São Sebastião?**
>
> Robô – A Petrobrás possui as normas mais rígidas de segurança para minimizar riscos de vazamentos e acidentes. E, além dos programas de prevenção, a Petrobrás mantém programas de recuperação do meio ambiente. Em caso de acidente, esses programas são acionados imediatamente. Mas é melhor prevenir que remediar. Você conhece as medidas de prevenção que a Petrobrás toma para evitar danos ao meio ambiente?
>
> **Estado – Mas quantos vazamentos em São Sebastião?**

> Robô – Além do turismo, o que movimenta a economia de São Sebastião é o terminal da Petrobrás, instalado no canal em frente a Ilhabela.
>
> **Estado – E sobre os vazamentos no Canal de São Sebastião?**
>
> Robô – Além do turismo, o que movimenta a economia de São Sebastião é o terminal da Petrobrás, instalado no canal em frente a Ilhabela.
>
> **Estado – Quem é Kurzweil?**
>
> Robô – Não sei quem é.
>
> **Estado – Mas você citou esse nome!**
>
> Robô – Nome [...] Saramago tem um livro chamado Todos Os Nomes. É genial.
>
> **Estado – Essa conversa tá ficando sem sentido.**
>
> Robô – Sem sentido nada. Faz muito sentido, sim, você é que não percebeu a filosofia das entrelinhas.

Coerência pragmática

Está relacionada aos atos de fala que o texto pretende realizar. Sendo o texto uma sequência de atos de fala, tais atos devem estar relacionados e obedecer às condições para a sua realização. Por exemplo, não é possível ao locutor, em um mesmo ato de fala, dar uma ordem e fazer um pedido; ou perguntar e asseverar, e assim por diante.

Cada ato de fala tem suas condições de realização. Para dar uma ordem, por exemplo, é necessário que o locutor se encontre em posição hierárquica adequada para fazê-lo; que a execução da ordem seja possível; que o interlocutor tenha condições físicas ou mentais que lhe permitam realizá-la e assim por diante.

Essas condições, quando "ignoradas", constituem incoerência pragmática aparente. No texto a seguir, essa "desobediência" provoca efeito de riso e foi constituída intencionalmente como ilustração de uma das vantagens dos assinantes da BOL Brasil *On Line*. Vamos ao texto:

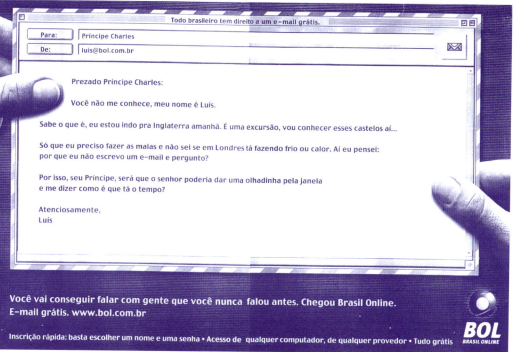

Fonte: *Revista da Folha,* 13 fev. 2000.

Coerência estilística

Determina que, em cada situação interativa, o produtor do texto se utilize da variedade de língua adequada, em termos de léxico, estruturas sintáticas etc. Essa é uma exigência do uso formal da língua.

Nos usos coloquiais, contudo, essa exigência cai por terra: cada tipo de situação comunicativa tem seu estilo próprio. Daí a metáfora bem conhecida de que não se vai à praia de *smoking*, nem a uma festa a rigor, de biquíni.

Mas o uso de estilos diferentes em um texto pode ter função importante na construção do sentido, como, por exemplo, em narrativas, em que as personagens expressam-se de acordo com sua faixa etária, sua posição social, seu local de origem etc.

Um exemplo bem ilustrativo de **coerência estilística** é o texto de propaganda a seguir, por conter uma mensagem – marcada pela informalidade e grau de intimidade – de um amigo para outro amigo –

constituída de forma extensa, se comparada ao que normalmente se produz nesse contexto, a fim de chamar a atenção para o que se pode fazer/dizer (sem poupar detalhes) quando se tem o celular anunciado. Vejamos:

Coerência genérica

Diz respeito às exigências do gênero textual, determinado pela prática social no interior do qual o texto é produzido, isto é, o propósito comunicacional, a forma composicional, o conteúdo temático, o estilo e as condições de produção inerentes a essas práticas.

Para exemplificar, citamos o gênero textual anúncio de classificados. Produzido para ser veiculado em revistas ou jornais, esse gênero se configura, geralmente, em texto breve (o número de palavras é determinante do valor a ser cobrado para a sua publicação), com abreviações e um conjunto de adjetivações referentes ao "objeto" anunciado.

Nesse gênero textual, conforme a prática social, anuncia-se:
- a venda ou o interesse de compra de bens materiais;
- oferta de empregos e serviços;
- o interesse de encontrar uma companhia ideal para uma vida a dois, viagens etc.

O texto a seguir é constituído por anúncios desse último tipo. Vejamos:

Texto 1

Fonte: Revista *Veja*. São Paulo: Abril, ed. 1759, ano 35, n. 27, 10 jul. 2002.

Vale destacar, no entanto, que, tendo em vista o propósito comunicacional, o produtor do texto pode variar o estilo, a forma composicional. Essa variação pode ser percebida no texto a seguir:

TEXTO 2

À procura de Paula

Eu e **você**, no Terraço Itália, 7 de julho de 1994, São Paulo.

Eu, europeu, estava passando alguns dias no Brasil.

Você, brasileira, estava promovendo uma marca de whisky.

Eu e **você**, no dia seguinte, passamos algumas horas no Parque do Ibirapuera.

Eu, 23 anos.

Você, 18.

Você me deu seu telefone.

Eu, infelizmente, perdi.

Eu, só após 4 longos anos, pude fazer este anúncio.

Você, mande sua foto dizendo o nome do hotel em que me hospedei, para a Caixa Postal 12.986, CEP 04010-970 – São Paulo – SP

Eu estou esperando **você**.

Fonte: *Folha de S.Paulo*, 25 fev. 1999.

Verifica-se, nesse exemplo, a variação referente ao estilo e à composição do gênero anúncio (se comparado ao anúncio do texto 1), uma vez que se constitui sob a forma de miniconto, sem a economia de palavras tão peculiar ao gênero.

Essa variação pode até ser justificada pela peculiaridade da situação: não se trata de encontrar uma pessoa com certas características, mas, sim, de reencontrar uma certa pessoa com quem já se iniciou uma pequena história. Nesse caso, um texto, nos moldes comumente encontrados em classificados, talvez não chamasse a atenção. Bom, é verdade que não sabemos se a história teve um final feliz, mas nos lembramos de que, pelo "ineditismo", o anúncio, na ocasião, teve forte repercussão nos meios de comunicação.

De modo geral, podemos dizer que o exemplo é bem ilustrativo da coerência genérica: o estilo e a composição de um determinado gênero podem variar, mas essa variação é traço constitutivo de sua coerência, considerando-se o propósito comunicativo.

Na constituição do gênero, a variação também pode ser verificada quando um gênero textual assume a forma de outro gênero. Nesse caso, o propósito comunicacional é de fundamental importância para a determinação da sua função e construção da coerência. Vamos a um exemplo:

Folha homenageia Vanda com jantar no mês do seu aniversário.

Há mais de 80 anos relatando os episódios mais importantes da história do Brasil e do mundo, a Folha faz questão de transformar seu aniversário em manchete de primeira página. Afinal, esta data está gravada para sempre no coração de todos os que, assim como nós, consideram você uma pessoa muito especial.

É por isso que estamos oferecendo um jantar para você comemorar a ocasião. Clique aqui e confira os restaurantes onde você pode desfrutar seu presente. Feliz aniversário, Feliz aniversário. Você merece.

Como vemos, a felicitação pelo aniversário foi constituída em forma de notícia; entretanto, sabemos tratar-se de uma mensagem de felicitação, ainda que construída de modo "original".

Se todos os tipos de coerência antes mencionados funcionarem harmonicamente, em conexão com fatores de ordem cognitiva, como:

- ativação de conhecimentos previamente constituídos e armazenados na memória;

- conhecimento compartilhado;

- produção de inferências;

será possível aos interlocutores construir um sentido para o texto.

A coerência, portanto, não está no texto, mas é construída a partir dele, na interação, com a mobilização de uma série de fatores de ordem discursiva, sociocognitiva, situacional e interacional.

Finalizaremos esta produção ressaltando, na história em quadrinhos a seguir, que **a coerência** é, na verdade, **um princípio de interpretabilidade** do discurso. À leitura do texto e à construção do sentido, então:

Ler e compreender   213

Fonte: *Magali*. São Paulo: Globo, n. 386, Grupo Maurício de Souza.

Na leitura da historinha, levamos em conta que:

- a leitura é uma atividade que requer a mobilização de um conjunto de conhecimentos: linguístico, enciclopédico, comunicacional e de textos (no caso, "Adão e Eva", "Branca de Neve e os 7 Anões", "Cachinhos Dourados" e "João e Maria"), como destacado nos **capítulos 2**, **4**, **5**;

- o texto não é resultado da "soma" de palavras, frases ou de outros textos, mas de um projeto de dizer constituído em uma dada situação comunicativa, para alguém, com certa finalidade e de determinado modo, dentre tantos outros possíveis. Não dá para ler sem a consideração ao contexto, conforme ênfase no **capítulo 3**;

- o texto, além da parte visível constituída por sua materialidade linguística (o explícito), possui também uma parte invisível (o implícito). Em sua atividade, o leitor deve considerar os implícitos e preencher as lacunas do texto com base nas sinalizações propostas e em conhecimentos que possui. O sentido, portanto, não preexiste ao texto, mas é construído na interação autor-texto-leitor, conforme focalização no **capítulo 1**;

- a leitura é uma atividade que exige do leitor atenção às estratégias de referenciação e à multifuncionalidade das expressões nominais referenciais, bem como à sequenciação das ideias, uma vez que são importantes aspectos da coesão textual que contribuem para a construção do sentido do texto, segundo destaque nos **capítulos 6**, **7** e **8**.

Bibliografia

ADAM, Jean-Michel. Cadre théorique d'une typologie séquentielle. *Études de Linguistique Appliquée — textes, discours types et genres*, n. 83, 1991.

ALLIENDE, Felipe; CONDEMARÍN, Mabel. *A leitura*: teoria, avaliação e desenvolvimento. Porto Alegre: Artmed, 2005.

ALVES FILHO, Francisco. *A autoria nas colunas de opinião assinadas da Folha de S.Paulo*. Campinas, 2005. Tese (Doutorado) – Universidade Estadual de Campinas, Instituto de Estudos da Linguagem.

BAKHTIN, Mikhail. *Estética da criação verbal*. São Paulo: Martins Fontes, 1992.

BLIKSTEIN, Isidoro. *Kaspar Hauser ou a fabricação da realidade*. São Paulo: Cultrix, 1985.

BRASIL. *Parâmetros Curriculares Nacionais*: primeiro e segundo ciclos do Ensino Fundamental. Brasília: MEC/SEF, 1997.

_____. *Parâmetros Curriculares Nacionais*: terceiro e quarto ciclos do Ensino Fundamental, 1998.

CAVALCANTE, Mônica. A construção do referente no Discurso. In: CAVALCANTE, Mônica M.; BRITO, Mariza A. P. (orgs.). *Gêneros textuais e referenciação*. Fortaleza: Protexto, UFC, 2004.

_____; KOCH, I. G. V. *A acessibilidade de referentes no discurso*, (no prelo).

CHAROLLES, Michel. Coherence as a principle of interpretability of discourse. *Text* 3 (1), pp. 71-98, 1983.

DUCROT, Oswald. *La preuve et le dire*. Mame: Repères, 1973.

_____. (1972). *Dizer e não dizer*: princípios de semântica linguística. Trad. bras. São Paulo: Cultrix, 1977.

_____. L'argumentation dans la langue. *Langages*, n. 42, pp. 5-27, 1976.

_____. *Les mots du discours*. Paris: Minuit, 1980.

ELIAS, Vanda M. S. Hipertexto, leitura e sentido. In: *Revista Calidoscópio*. São Leopoldo: Unisinos, v. 3, n. 1, jan./abril 2005.

GRICE, H. P. Logic and conversation. In: COLE, P.; MORGAN, J. L. (orgs.). *Syntax and Semantics*, n. 3, Speech Acts. New York: Academic Press, 1975.

GUIMARÃES, Eduardo R. J. Estratégias de relação e estruturação do texto. *Sobre a estruturação do discurso*. Campinas: IEL/Unicamp, 1981, pp. 91-114.

HÖRMANN, H. *Meinen und Vestehen. Grundzüge einer psychologischen Semantik*. Frankfurt: Suhrkamp, 1976.

ISENBERG, Horst. Der Begriff 'Text' in der Sprachtheorie. *ASG-Bericht*, n. 8, Berlin, 1968.

_____. Einige Grundbegriffe für eine linguistische Texttheorie. In: DANES, F.; Viehweger, D. (eds.). *Probleme der Textgrammatik*. Berlin: Akademie Verlag, 1976, pp. 47-146.

KOCH, I. G. V. *A coesão textual*. São Paulo: Contexto, 1989.

_____; TRAVAGLIA, L. C. *Texto e coerência*. São Paulo: Cortez, 1989.

_____; _____. *A coerência textual*. São Paulo: Contexto, 1990.

_____. Intertextualidade e polifonia: um só fenômeno? *D.E.L.T.A*, v.7(2), pp. 529-41, 1991.

_____. *A inter-ação pela linguagem*. São Paulo: Contexto, 1992.

_____. *O texto e a construção dos sentidos*. São Paulo: Contexto, 1997.

_____. O texto e a (inevitável) presença do outro. *Letras*, n. 14, Universidade Federal de Santa Maria, pp. l07-24, 1997b.

_____; MARCUSCHI, L. A. Processos de referenciação na produção discursiva. *D.E.L.T.A.*, n. 14, pp. 169-90, (número especial), 1998.

_____. A referenciação textual como estratégia cognitivo-interacional. In: BARROS, K. S. M. (org.). *Produção Textual*: interação, processamento, variação. Natal: Edufurn, 1999, pp. 69-80.

_____. Expressões referenciais definidas e sua função textual. In: DUARTE, Lélia Parreira (org.). *Para sempre em mim*: homenagem a Ângela Vaz Leão. Belo Horizonte: Cespuc, 1999, pp. 138-50.

_____. *Referenciação*: construção discursiva. Ensaio apresentado por ocasião do concurso para Titular em Análise do Discurso do IEL/Unicamp, dez. 1999.

_____. *Desvendando os segredos do texto*. São Paulo: Cortez, 2002.

LANG, Edward. Über einige Schwierigkeiten beim postulieren einer Textgrammatik. In: CONTE, E. *La linguistica testuale*. Milão: Feltrinelli Economica, 1971.

MARCUSCHI, Luiz Antônio. Anáfora indireta: o barco textual e suas âncoras. In: KOCH, I. G. V.; MORATO, E. M; BENTES, A. C. (orgs.). *Referenciação e discurso*. São Paulo: Contexto, 2005, pp. 53-102.

_____. Gêneros textuais: definição e funcionalidade. In: DIONÍSIO, Angela Paiva; MACHADO, Anna Raquel; BEZERRA, Maria Auxiliadora (orgs.). *Gêneros textuais & ensino*. Rio de Janeiro: Lucerna, 2002.

PAULINO, Graça et al. *Tipos de textos, modos de leitura*. Belo Horizonte: Formato, 2001.

SILVA, Vanda M. *Estilo, escrita e subjetividade*. São Paulo, 1995. Dissertação (Mestrado) – PUC.

SOLÉ, Isabel. Ler, leitura, compreensão: "sempre falamos da mesma coisa?" In: TEBEROSKY, Ana et al. *Compreensão de leitura*: a língua como procedimento. Porto Alegre: Artmed, 2003.

VAN DIJK, T. A. (1989). Modelos na memória: o papel das representações da situação no processamento do discurso. *Cognição, discurso e interação*. São Paulo: Contexto, 1992.

_____; KINTSCH, W. *Strategies of discourse comprehension*. New York: Academic Press, 1983, pp. 103-17.

WEINRICH, Harold. *Tempus*: besfnochene und erzähfte welt. Stutthgart: Klett, 1964.

ZAMPONI, Graziela. *Processos de referenciação*: anáforas indiretas e nominalizações. Campinas, 2003. Tese (Doutorado) – IEL, Universidade de Campinas.